Lenormandkarten – Seelengeflüster

Beschreibung der 36 Karten und 19 Zusatzkarten

Erika Flickinger

ISBN: 1724375822
ISBN-13: 978-1724375827

DANKSAGUNG

Mein Dank geht an alle, die mich unterstützt haben, mit Zuspruch und Ansporn, meinem Kartendeck „Seelengeflüster“ Leben einzuhauchen, um es nun als fertiges Deck, mit dem zugehörigen Buch anbieten zu können.
Meinen besonderen Dank richte ich an die Seite https://pixabay.com/ und die sehr talentierten Fotografen dort, die ihre wundervollen Fotos zur freien Verfügung stellen.
Es wäre mir unmöglich gewesen, selbst all die benötigen Motive zu fotografieren.
Für jeden, der gerne mit Photoshop oder ähnlichen Programmen arbeitet, ist diese Seite eine wahre Fundgrube.

Erika Flickinger

INHALTSVERZEICHNIS

UM WAS ES GEHT

Du findest in diesem Buch die 36 Grundkarten der Madame Lenormand mit meinen eigenen Motiven, sowie meine 19 Zusatzkarten und deren genaue Beschreibung.

Du kannst das Buch nicht nur für mein Deck nutzen, sondern für jedes Lenormand Deck.
Da ich bewusst die Grundkarten und meine Zusatzkarten getrennt beschreibe, sind die Bedeutungen der 36 Grundkarten eben auch für jedes andere Deck anwendbar.
Ich habe hier bewusst, die alten Symboliken mit meinen Deutungsweisen kombiniert und gebe dir somit ein breiteres Spektrum der Deutungsmöglichkeiten an die Hand.
Verschiedene Legemethoden, sowie Zusatzkapitel, zu Zeitangaben, Personen- und Charakterbeschreibungen, Entfernungen, Krankheitserklärungen, sowie vielfältige karmische Hinweise und manches mehr, werden dein Repertoire gewiss sehr erweitern und dich die große Welt der Lenormandkarten, aus einem anderen Blickwinkel sehen lassen. Du bekommst mit diesem Buch ein ausführliches Nachschlagwerk an die Hand.

1 Vorwort

Du hältst hier das Buch zu meinem Kartendeck „Lenormandkarten-Seelengeflüster" in der Hand.

Auf den folgenden Seiten stelle euch meine Bedeutungen der Lenormandkarten vor.

Dieses Buch kannst Du nicht nur für mein Kartendeck nutzen, sondern für jedes beliebige Lenormand-Deck.

Bewusst habe ich für die 55 Karten zwei verschiedene Kapitel zur Beschreibung, sowie Legebeispielen genutzt.

So kannst Du das Kapitel „Die Karten" mit den 36 Hauptkarten, für jedes beliebige Lenormand-Kartendeck verwenden.

In dem Kapitel „Die Zusatzkarten" erkläre ich die Bedeutungen der 19 zusätzlichen Karten, mit Legearten.

Ich möchte euch hier auch nicht mit einer ausführlichen Beschreibung, über die Geschichte der Lenormandkarten, deren ursprünglichen Bedeutungen oder über Madame Lenormand langweilen. Dies alles ist schon zur Genüge bekannt.

Ich denke, jeder der ein eigenes Deck kreiert, hat sich seine eigenen Gedanken zu jeder Karte und deren Symbolik, sowie Bedeutung gemacht.

Es steckt für fast jeden, der ein solches Deck erstellt, viel Motivation, Zeit, eigene Bedeutungen, Arbeit, Herzblut und Energie in jeder einzelnen Karte.

Auch bei meinen Karten ist dies gegeben.

Hier nun ein paar Worte zu der Entstehung meiner Karten.

Da ich mit keinem bisher mir bekannten Deck, wirklich zufrieden war, entstand mit der Zeit der Wunsch, mein eigenes Deck zu kreieren.

Jede einzelne Karte ist aus vielen verschiedenen Einzelmotiven entstanden. Viele davon habe ich von der Seite Pixabay, die Fotos zur freien, auch der kommerziellen Nutzung, Verwendung anbietet, mit einer sogenannten „CC0 Creative Commons".

Jedoch entstammen viele der verwendeten Fotos auch meiner eigenen Sammlung selbst fotografierter Motive.

So konnte ich aus unzähligen Fotos, einzelne Motive und Szenen freistellen, um neue Bilder zu gestalten, und mit diversen Effekten und Farbgestaltungen, meine eigenen Karten, ganz nach meinen Vorstellungen, zusammenstellen.

Manche der Karten besteht aus bis zu 17 Einzelmotiven.

Du wirst hier nicht die herkömmlichen Bedeutungen zu den Karten finden, sondern auch viele meiner eigenen Impulse, zu jeder Karte.

Da jeder, der professionell oder dauerhaft, die Karten legt, mit der Zeit seine eigenen Aussagen zu jeder Karte findet, weichen auch meine Aussagen in vielen Bereichen von den bekannten Aussagen ab.

Auch würde ich mir wünschen, dass meine Symbolik nur als Anstoß dazu dient, sich eigene Gedanken zu jeder Karte zu machen und so mit der Zeit, das Potential an Bedeutungen und Aussagen, der Karten, für sich selbst zu erweitern.

Wahrsagekarten können für jeden eine andere Aussage und Bedeutung entwickeln, wenn man sich darauf einlässt, auch neue Begriffe und Denkanstöße zuzulassen. Die Aussagen werden viel lebendiger und deutlicher, umso mehr man seine eigene Intuition einfließen lässt.

Zum Beginn sind Hilfestellung anhand vorgegebener Deutungen jeder einzelnen Karte und Kombination hilfreich, um sich in diese Welt der intuitiven Aussagen einzufinden.

Die Karten richtig zum Leben erwecken und in eine Art Symbiose mit jeder Karte und den ausgelegten Kartenbildern finden, wirst Du wahrscheinlich erst, wenn Du dein Innerstes mitbestimmen lässt, was welche Karte für dich persönlich bedeutet und Du deine Art findest, die Symbole sowie das ganze Kartenbild anzuschauen.

Es gehört ein wenig Mut dazu, sich selbst und das eigene Seelenleben in die Karten einfließen zu lassen und so wertvolle Impulse zu finden. So kannst Du jedem deiner Kartendecks, mit deiner persönlichen Art die Karten zu deuten, Kraft, Leben und Glaubhaftigkeit einhauchen.

Sie werden so zu DEINEM Werkzeug, um gute Analysen zu erstellen.

Präge deinen Karten auch deine Persönlichkeit ein und übernehmen nicht kritiklos, die persönlichen Auslegungen anderer.

Jeder gute Kartenleger hat sich den Weg zu seiner Art, die Karten zu deuten erarbeitet, indem er mit seiner Intuition, seiner Seele und seinen Gefühlen, jedes einzelne, neue Kartenbild analysiert.

In einem weiteren Kapitel erkläre ich meine 19 Zusatzkarten. Diese setzen sich aus Zeitkarten, Jahreszeiten, Partnerschaftssituationen und einiger extra

Bedeutungen zusammen. Hier habe ich meine bevorzugte, karmische Art der Deutung, mit einfließen lassen.

Diese Karten können also auch als karmische Zusatzkarten genutzt werden.

Ich stelle dir zuerst jede einzelne der Karten 1-36 einzeln vor. Im darauffolgenden Kapitel erkläre ich dir die Zweier-Kombinationen. So bekommst Du das Grundwissen um mit dem Kartenlegen zu beginnen.

Erweitert wird dies mit den Kapiteln Legearten und Legebeispielen, sowie der Zeit und Entfernungskarten, Beschreibungen von Krankheiten und passender Legeart.

Abgerundet wird das Buch mit der Beschreibung der neunzehn Zusatzkarten und Legebeispielen dazu.

2 Die Karten

1. Die Reiterin

Kurzbedeutungen

Positiv:

Neuer Schwung, Nachrichten, mediale Durchgaben, Durchsetzungsvermögen, Jugendlichkeit, Sportlichkeit, das Feuer der Begeisterung, Kraft, Energie, sexuelle Anziehung, Kreativität, Unternehmungslust, Erlebnishunger, Temperament, Lebenslust und Leidenschaft, Sieg, Durchbruch, Stärke durch Gemeinsamkeit.

Negativ:
Abenteuerlust und Ungeduld, Übereilen, ungezügelter Eroberungswille, Ungeduld, Heißblütigkeit, schwärmerische unrealistische Begeisterung, ungestüme Übertreibung, ungerechtfertigte Verehrung, aufbrausend, zornig reagieren.

Allgemeine Bedeutung:

Die Karte steht unter anderem für Nachrichten, die eintreffen werden. Je nachdem welche Karten dabei liegen, kannst du sagen ob positive oder negative Nachrichten.
Außerdem fordert dich diese Karte auch auf, aktiv zu werden im Bereich deiner Wünsche, sie werden sich nicht von alleine erfüllen.
Sie kündigt dir neuen Schwung und neue Energie an.
Je nachdem wo sie liegt, zeigt sie dir auch, in welchen Bereichen du dein eigenes Feuer und deine Energie einsetzen solltest.

Im negativen Sinne warnt dich diese Karte davor, andere mit dem in dir lodernden Feuer nicht zu verbrennen, zügle deine Energie ihnen gegenüber, sonst wirst Du dein Umfeld mehr erschrecken, als für dich begeistern.
Deine mitreißende Energie andere zwar anfangs erfreuen jedoch kannst du ihnen auch schnell auf den Geist gehen.

Als Personenkarte:

Ein sportlicher Mensch, ein Bote, jemand mit viel Temperament, jemand der jugendlicher ist als es seinem Alter entsprechen würde, jemand der sich gerne in der Öffentlichkeit bewegt.

Als Tageskarte:

Heute dürften Nachrichten auf dich zukommen. Ob zu beurteilen ob positiv oder negativ solltest du noch eine weitere Karte ziehen.
Oder, heute tritt ein außergewöhnlicher Mensch in dein

Leben.
Oder aber, du solltest den Tag nutzen dich sportlich zu betätigen.
Aber auch, es ist ein positiver Tag um deine Energien sinnvoll, für dich und deine Pläne einzusetzen.
Umgedreht will dir die Karte sagen, dass du dein Temperament an diesem Tag zügeln solltest, sonst könntest du dir mehr schaden als nützen.

2. Der Klee

Kurzbedeutungen

Positiv:

Das Glück, glückliche Wende, Neubeginn, Expansion, Lauf des Schicksals, Bestimmung, das Auf und Ab des Lebens, den Moment ergreifen, das Jetzt und Hier, die Gunst der Stunde, die Ruhe findest Du in deiner Mitte, die Zeit ist dein Lehrmeister, das Schicksal, dein Schicksal selbst in die Hand nehmen,

Negativ:

Situationen, auf die Du keinen Einfluss hast, unvorhergesehene Umschwünge, die höhere Macht durchkreuzt deine Pläne, es ist noch nicht die Zeit deine Vorhaben umzusetzen, das Gefühl der Machtlosigkeit, das Gefühl dem Schicksal ausgeliefert zu sein, du hast noch etwas zu lernen, bevor der gewünschte Erfolg kommt.

Allgemeine Bedeutung:

Das ist die Karte des unverhofften Glücks oder Fortschritts, aber auch der positiven Weiterentwicklung.

Günstige Gelegenheiten und freudige Überraschungen warten auf dich.

Da wo die Karte im großen Bild auftaucht, solltest du gut auf die Nachbarkarten achten, denn sie zeigen dir, wo unverhoffte Chancen auf die warten könnten.

Bei Fragen nach Plänen gibt dir diese Karte zumeist grünes Licht.

Wenn diese Karte bei negativen Konstellationen auftaucht, schwächt sie deren Aussagen zum Teil ab, oder verspricht, dass recht bald die Sonne wieder scheint.

Umgedreht warnt dich die Karte davor, dich zu früh auf ein schnelles Glück zu freuen, denn dadurch übersiehst du die Stolpersteine auf dem Weg. Was anfangs wie das große Glück aussieht, wird dich auf viele Umwege und in einige tiefe seelische Abgründe führen. Nur wer sich traut, den Weg durch seine eigenen Tiefen und die des anderen zu gehen, wird am Ende den Weg des Glücks auch wirklich beschreiten können.

Als Personenkarte:

Eine humorvolle und lebenslustige Person. Jemand der positiv durchs Leben geht. Aber auch eine sportliche und bewegungsfreudige Person. Weltgewandt und wissensdurstig, aber auch redefreudig, zählt auch zu den Charaktereigenschaften dieser Karte.

Als Tageskarte:

Was Du für heute planst, wird sehr wahrscheinlich erfolgreich werden.

Gute Nachrichten und unerwartete positive Überraschen könnten kommen.

Dinge, die du aufgeschoben hast, weil du an ihrem Erfolg zweifelst oder dachtest sie gehen sowieso schief, solltest du an diesem Tag nochmals anpacken, sehr wahrscheinlich gelingen sie dir nun ohne große Probleme.

3. Das Schiff

Kurzbedeutungen

Positiv:

Neubeginn, Innenschau, Reisen, Veränderungen, Wagnis, Abenteuer, Aufbruch, Triumph in der Äußeren Welt, siegreicher Eroberer, Abenteurer, Held, Erfolg, sensibler Umgang mit Energien, harmonischer Austausch seiner Kräfte, gemeinsames Vergnügen, sexuelle Reize, Sicherheit innerhalb Beziehungen, die Ruhe nach dem Lebenskampf, verdienter Erfolg, auf zu neuen Ufern.

Negativ:

Schweigen, um Frieden zu wahren, zu überschwänglich sein, überstürzte Handlungen, zu überschnell sein, zu wenig Entschlusskraft, Ungeduld, hitzige Atmosphäre, Übertreibung, man will alles, und zwar sofort, aufbrausen, aggressiv, zornig, zu wenig Ausdauer haben, voreilige Handlungen.

Allgemeine Bedeutung:

Die Karte macht dich aufmerksam, dass Du über den Weg der vor dir liegt, eine neue Welt betreten wirst.

Diese Karte steht dafür, dass man einen großen Sprung nach vorne machen kann, wenn man die Chancen erkennt, die einem das Leben präsentiert und man bereit ist, auch einmal neue Wege zu gehen.

Außerdem sagt sie dir, sei mutig, verlassen eingetretene Pfade und erkunde die verborgen Wege, die dein Leben dir doch so offensichtlich zeigt. Dies besonders, wenn der andere sich dir gegenüber nicht festlegen möchte.

Gehe dahin, wo andere Ausweichen und zurückschrecken, vor den Mühen, die auf dem Weg liegen könnten. Das Leben hat dir das passende Rüstzeug gegeben, genau diese beschwerlichen Pfade zu gehen, und genau dort warten für ich alle Möglichkeiten.

Nutze die Sehnsucht und deine Wünsche in dir als Treibstoff um diese Reise zu beginnen und erfolgreich für dich zu beenden.

Diese Karte zeigt dir, dass Du nur Freude und Zuversicht brauchst, um für dich neue Wege zu gehen.

Als Personenkarte:

Eine jugendliche und wagemutige Person. Eine Person voller Selbstbewusstsein. Der Siegertyp. Aber auch ein Mensch, der ohne Nachdenken in neue Abenteuer stürzt, der kurzentschlossen handelt.

Der sportliche Typ. Der Weltenbummler.

Ein Mensch, der sich nicht festlegen mag und lieber alles offenlässt.

Unzuverlässigkeit und Wankelmut ist einer seiner Fehler.

Als Tageskarte:

Dieser Tag wird einige Überraschungen bieten. Ob diese positiv oder negativ sind, entscheiden die umliegenden Karten.

An diesem Tag neigt man dazu, nur das Naheliegende zu sehen und somit Leichtsinnsfehler zu begehen.

Gibt es Probleme, oder wichtige Termine, so sollte man überzeugt und selbstbewusst auftreten, aber auch die Geradlinigkeit nicht vergessen.

Zusagen die an diesem Tag gemacht oder empfangen werden, könnten wieder ins Wanken kommen und gebrochen werden.

Mit positiven Karten könnte dieser Tag neue Lösungen

und Wege anbieten.

4. Das Haus

Kurzbedeutungen

Positiv:

Innere Zufriedenheit, Erfüllung von Hoffnungen und Wünschen, dauerhaftes Glück, Freude, Gastlichkeit, positive Gefühle, Empathie, feste Beziehung, Familie, Zuhause, Berufung als Beruf, Gastgewerbe, Hotels, Erweiterung der Gefühlswelt, starke Ausstrahlung, erfüllte Sehnsucht.

Negativ:

Wunschdenken erfüllt sich nicht, Krise in der Beziehung, haltlose Schwärmerei, sinnlose Jagd nach dem Glück, Erfolg und Glück fordern ohne eine Gegenleistung zu geben, erzwungenes Glück, unerfüllte Sehnsucht, nicht loslassen können, Abschluss eines Prozesses, innerer

Zwiespalt von Gefühlen, Trotz, Unfähigkeit negatives Verhalten abzulegen, Gefühlskälte, Selbstgefälligkeit.

Allgemeine Bedeutung:

Das Haus zeigt an, dass eine gute Zeit ansteht, für alles was mit Familie, gemeinsamen Unternehmungen im engeren Umfeld, und Liebe zu tun hat.

Gute Nachrichten können auf dich zukommen, sofern nicht allzu viele negative Karten direkt dabei liegen. Wünsche, die Du mit dir trägst, könnten jetzt einen Schritt voranschreiten, oder gar erfüllt werden.

Auch zeigt dir das Haus, alles an, was innerhalb der Familie von Wichtigkeit ist, aber auch alles, was deine Wohnung/Haus betrifft.

Für dich persönlich zeigt dir die Karte eine Zeit der Zufriedenheit und einen guten Gesundheitszustand, sofern die positiven Begleitkarten überwiegen.

Auch deine Gefühlswelt wird von dieser Karte dargestellt, je nachdem welche Karten dabei liegen, kannst Du erkennen, wie sich deine Gefühle in den nächsten Wochen/Monaten entwickeln werden.

Eine weitere Bedeutung dieser Karte ist, dass sie dir eine kommende feste Beziehung anzeigt, oder dass sich eine bestehende Beziehung vertieft und gefestigt wird. Familiengründung kann anstehen.

Mit negativen Karten sagt dir das Haus, dass ein Streit zwischen dir und einem nahestehenden Menschen ansteht. Um was es dabei geht, sagen die umliegenden Karten aus.

Ein Vorhaben wird abgesagt, oder es geht während dessen etwas schief.

Hier wird man aufmerksam gemacht, dass die Träume die man hat, eine Nummer zu groß sein könnten, oder nicht richtig durchdacht wurden. Auch wird man hier gewarnt, dass man andere nicht zu selbstverständlich in seine eigenen Pläne einbeziehen sollte, ohne sich vorher, um deren Zustimmung zu vergewissern.

Außerdem kündigt die Karte mit negativen Begleitkarten, eine Zeit an, in der das Glück sich eine Weile zurückzieht.

Nehme es als Gelegenheit zur Auszeit und zur Innenschau, dann kann diese Zeit sogar seelische Früchte tragen.

Neue größere Vorhaben sollten momentan vermieden werden, da garantiert etwas dazwischenkommen würde, oder schiefgeht, was nun eben schiefgehen kann.

Als Tageskarte:

Du hast an diesem Tag die Gelegenheit etwas Neues zu beginnen, oder Du wirst zu einer gemeinsamen Mission eingeladen. Auch möglich ist, dass Du an diesem Tag endlich ein schon lange geplantes Vorhaben angehst.

Die Familie wird an diesem Tag sehr wichtig sein, je nach Begleitkarten gibt es Freude oder Aufregungen.

Möglich ist auch, dass eine Gruppe oder ein Verein an diesem Tag wichtig sind.

Außerdem kann die Karte anzeigen, dass man sich an diesem Tag der Kunst, Musik, Poesie und Ähnlichem zuwendet.

Als Personenkarte:

Ein Verwandter oder eine nahestehende Person.

Eine gemütliche und behäbige Person, oder ein sehr familiärer Mensch.

Jemand der sich gerne mit anderen Menschen beschäftigt, oder der in einem Verein oder Club tätig ist.

Eine künstlerisch, oder spirituell veranlagte Person und/oder ein Naturliebhaber.

Die hier dargestellte Person ist sportlichen Tätigkeiten nicht unbedingt zugeneigt.

5. Der Baum

Kurzbedeutung

Positiv:

Das eigene innere Licht finden, Selbsterkenntnis, Rückzug im positiven Sinne, Integration der eigenen Schatten, Pause innerhalb einer Beziehung um liebevoll neu aufeinander zugehen zu können, liebevolles Verständnis, Gesundheit, Familie, Verwurzelung, Natur, Heilkunde, Schamanismus, Spiritualität, der weibliche Weg, Meditation, Liebe.

Negativ:

Verlustangst, Angst zu versagen, fehlendes Selbstvertrauen, Krankheit, Missachtung der natürlichen Prozesse und Abläufe und infolgedessen einen anderen Weg erzwingen wollen, Hemmungen, negative Erwartungshaltung, verdrängte Ängste, Rückzug im negativen Sinne, Trennung, Erfolge werden in Frage gestellt, Zweifel an der Beständigkeit gemeinsamer Ziele, Abstand halten.

Allgemeine Bedeutung:

Wo diese Karte auftaucht, ist oftmals Gelassenheit gefordert.

Die Karte der Zurückgezogenheit und der inneren Einkehr. Sie zeigt an, dass man zu einem bestimmten Thema die Abgeschiedenheit und das in sich gehen suchen sollte, um einen klaren Blick zu erhalten.

Um was genau es geht, sagen die umliegenden Karten.

Es stehen Zeiten der Stille oder aber des Stillstandes an, an denen man nicht vorbeikommt.

Ein weiteres Thema dieser Karte ist die Gesundheit und das seelische Befinden.

Auch Geduld und langsames Wachstum symbolisiert diese Karte.

Wo will ich gerade mit dem Kopf durch die Wand?

Wo habe ich meine Gelassenheit verloren?

Wo drängle ich ungerechtfertigt oder aber werde von anderen gedrängt, etwas zu tun, was ich nicht möchte.

An welcher Stelle in meinem Leben ist es an der Zeit „Stopp“ zu sagen und Atem zu holen.

Schau genau hin in deinem Leben, wo möchte diese Karte dir zeigen, dass Du dein Leben ein wenig entschleunigen könntest und in dein Inneres gehst.

Manchmal zeigt der Baum Dir auch, dass Du vielleicht fremdbestimmt bist und Du in der ungesunden Geschwindigkeit anderer lebst, anstatt dich in deinem eigenen Rhythmus wohlzufühlen?

Im negativen kann sie auch für Vereinsamung stehen, für ein zu viel an Zurückgezogenheit.

Mit negativen Karten oder umgedreht kündigt diese Karte Verzögerungen an, oder eine sehr langsame Entwicklung der Dinge.

Egal, bei welchem Thema die Karte auftaucht, werden sich hier nur ganz langsam Fortschritte ergeben. Oder aber die Karte zeigt Dir auf, dass Drängeln und Ungeduld nur Fehlerfolge beschwert. Denn nur was langsam wächst und Wurzeln schlagen darf, wird sich dauerhaft in deinem Leben verankern.

Lässt man den Dingen ihre Entwicklung, wird das Ergebnis überraschend gut werden. Drängt man jedoch auf Eile und schnelle Ergebnisse, dann wird die Enttäuschung groß sein.

Es wäre Zeit, sich ein wenig aus dem Alltag zurückzuziehen und sich selbst mehr Zeit und Gedanken zu widmen. Bilanz ziehen, Rechenschaft sich selbst gegenüber abzulegen oder sich einfach nur einmal mit sich selbst zu beschäftigen, dies vielleicht in der Natur, bei einem Hobby oder einfach in der Stille, sind Dinge, welche der Baum von fordert, um wieder zu deinem eigenen Sein zu finden.

Liegen negative Karten dabei, kann der Baum dich hier vielleicht auch auffordern, dich aus dem Leben anderer herauszuhalten, denn es könnte sein, dass Du dazu neigst, dich zu sehr in andere Leben einzumischen und so an deiner eigenen Bestimmung vorbei zu leben.

Bevormunden, dirigieren und ausspionieren sollte nicht mit Liebe und Zuneigung verwechselt werden.

Als Tageskarte:

Hier weist der Baum dich daraufhin, dass Du vielleicht grundlegendes an deiner Ernährung ändern solltest, zumindest überdenken. Es ist möglich, dass Du aufgrund falscher Ernährung leichte gesundheitliche Probleme förderst. Allerdings kann es sein, dass an diesem Tag die Familie sehr wichtig ist. Oder dass es außergewöhnliche Ereignisse, die Familie betreffend, geben wird.

Desweiteren kann der Baum als Tageskarte aussagen, dass man es gemütlich und gelassen angehen soll, da wahrscheinlich sowieso nichts laufen wird wie geplant oder nur sehr verzögert.

Als Personenkarte: Der alte weise Ratgeber, der Philosoph, der Suchende, der außenstehende nicht befangene Mensch und evtl., Ratgeber, der Einzelgänger. Jemand der sich bewusst von der Gesellschaft zurückzieht, der Naturmensch. Der Heiler und Schamane. Aber auch der kauzige Eremit, der sich mit sich selbst am wohlsten fühlt. Ein guter aber lebenserfahrener Freund/Bekannter.

6. Die Wolken

Kurzbedeutungen

Positiv:
Wechsel der Jahreszeiten, der ewige Kreislauf, kraftvoller Widerstand, kräftiger Körperbau, kampferprobt, die Gedanken, Aufmerksamkeit, Wachheit, Beobachter, Beweglichkeit, unbeteiligtes beobachten, etwas wird geändert, neue Wege sind erforderlich, Umschwung, die Essenz einer Beziehung erhält eine neue Form, aus Liebe soll Freundschaft werden oder umgekehrt, das rechte Maß suchen und finden, Möglichkeit altes zu bereinigen, das Unterbewusstsein, Selbsterkenntnis, Flexibilität, Kreativität, Ruhe nach dem Sturm.

Negativ:
Hindernisse, Widrigkeiten, Aufschub, Umwege, Nichtgelingen, Feind, Desinteresse, Stalking, Verfolgung, Unzuverlässigkeit, Neugierde, eine Beziehung, die auf Abhängigkeit beruht, Festhalten an einer Beziehung, die

enden sollte, das rechte Maß verlieren, die Augen vor den Tatsachen verschließen, Rachegedanken, Ungerechtigkeit, die eigene Motivation nicht hinterfragen, Grübeln, Wankelmut, mit dem Schicksal hadern, von einem Extrem ins andere Fallen, sich in eine andere Person verrennen, weil man die rosarote Brille nicht absetzen mag.

Allgemeine Bedeutung:
Die Wolken kündigen meistens einen Wechsel an.
Je nachdem welche Karten direkt dabei liegen, oder welche Frage gestellt wurde, kann man den Bereich deuten.
Allgemein weisen die Wolken auf die Lebensbereiche hin, in denen man besonders aufmerksam und wachsam sein sollte.
Sie warnen aber auch davor, zu starr oder festgefahren in seiner Meinung zu sein.
Liegen negative Karten dabei, wie z.B. die Sense, die Ruten oder die Mäuse, sollte man sich auf eine Streitigkeit oder eine Auseinandersetzung vorbereiten, bei der man, je nachdem wie man sich verhält, einen Verlust einfahren dürfte.
Manchmal ist es besser nachzugeben und anders zu reagieren, als das Gegenüber erwartet.
Im Bereich von Liebe und Partnerschaft kündigen die Wolken einen Wechsel an, entweder eine Freundschaft entwickelt sich hin zu einer Beziehung oder umgekehrt.
Es kann aber auch andeuten, dass eine Verbindung auseinanderdriftet, weil man zu sehr auf sich selbst schaut, und das Gegenüber „aus den Augen" verliert, sprich zu sehr sich selbst und seine Wünsche sieht und die des anderen ignoriert.
Diese Karte kann einen aber auch einfach darauf hinweisen, dass man einfach einmal nur zum Beobachter

wird, ohne zu bewerten, man könnte dabei wertvolle Inspirationen sammeln.
Auch weißt diese Karte auf evtl. gesundheitliche Probleme hin.
Des Weiteren werden durch diese Karten die Gedanken dargestellt.

Als Tageskarte:

Hier bedeutet die Karte, dass an diesem Tag nichts so laufen wird wie geplant. Der Tag kann voller Überraschungen und Unvorhergesehenem sein.
Ob diese Überraschungen positiv oder negativ sind, entscheidet eine extra dazu gezogene Karte.
Solltest Du für diesen Tag schon etwas geplant haben, so kann es sein, dass dies kurzfristig abgesagt werden muss.
Auch kann es als Tageskarte bedeuten, dass deine geplanten Unternehmungen vom Wetter abhängig sein werden.
Auch möglich ist, dass Du dich an diesem Tag einfach zurückziehst und mit deinen Gedanken alleine sein möchtest.
Des Weiteren kündigt die Karte die Wolken evtl. eine Richtungsänderung an, oder wenn Du unterwegs bist, dass Du kurzfristig die Route ändern musst, wegen Umleitungen und/oder unvorhergesehenen Dingen o.Ä.
Auch möglich ist, dass Du dich an diesem Tag gesundheitlich nicht wirklich auf der Höhe fühlst.
Vielleicht entscheidest Du dich auch an diesem Tag, etwas loszulassen, was dir nicht mehr dient. Seien es Gegenstände oder Personen.
Manchmal sagt die Karte aber auch aus, dass man sich durch seine eigene Sturheit in Probleme bringt.

Als Personenkarte:
Die Karte stellt eine reizbare Person dar, oder jemanden der krank ist.
Aber auch einen Denker und Analytiker.
Vom Aussehen her handelt es sich wahrscheinlich um eine Person, die sich gerne unauffällig verhält, die berühmte „graue Maus“ z.B.
Aber, je nachdem welche Karten dazu kommen, kann es sich auch um eine sehr streitlustige Person handeln.
Im Normalfall zeigt die Karte einen nachdenklichen Geist an, der vieles hinterfragt und analysiert.
Auch kann es bedeuten, dass es sich um eine Person handelt, die deinen Intellekt herausfordert und zum Umdenken anregt. Aber auch ein Mensch, der sein Fähnchen so in den Wind hängt, dass es für ihn passt.

7. Die Schlange

Kurzbedeutungen

Positiv:

Mutter Erde, Mutter, älter Dame, die Rivalin, Regenerationskraft, Weisheit, altes Wissen, Ertrag aus vorhergehenden Anstrengungen, Kreativität, verschlungene Wege führen zum Ziel, die Expartnerin, uralte Weisheit, Wissen aus früheren Existenzen, Heilkraft der Erde, Fruchtbarkeit, Transformation, Ästhetik, Anima.

Negativ:

Erdrückende Liebe, Eifersucht, Falschheit, Intrigen, die Saat negativer Dinge säen, seine Energien falsch einsetzen, die Erde nicht achten, Stalking, seelische Erpressung, Festhalten an Altem und Überholtem, Verschwendung, käufliche Liebe, Fehler nicht eingestehen wollen.

Allgemeine Bedeutung:

Die Schlange kündigt meist eine Art Neugeburt an, sofern sie von positiven Karten umgeben ist. Aber sie kann auch sagen, dass man einen Richtungswechsel braucht, da man eher auf Umwegen ans Ziel kommt, als auf dem geplanten gerade Weg. Man sollte sich Gedanken machen, ob dies, was man geplant hat und was man erreichen möchte, nicht auch auf einem anderen als dem sichtbaren Weg erreichbar wäre.

Aber, die Karte warnt natürlich auch vor Falschheit und davor, dass man sich zu sehr in ein Thema „verbissen" hat und nicht bemerkt, dass man selbst in die Irre geht und nicht die vermeintlich anderen.

Liegt die Karte direkt bei einer Personenkarte, so wird man hier tatsächlich davor gewarnt, dass evtl. Falschheit und Lügen im Spiel sind. Glaube nicht bedingungslos alles, was man dir übermittelt, sondern hinterfrage, was man dir erzählt. Dies gilt auch für Menschen, die man liebt und denen man niemals eine Lüge oder Falschheit zutrauen würde. Liegt die Signifikatorenkarte für den/die Ratsuchende dabei, so kann die obige Aussage auch bedeuten, dass der Fragende selbst evtl. nicht immer ehrlich ist.

Im positiven Falle signalisiert diese Karte, die weiblichen Attribute und Charaktereigenschaften eines Menschen.

Des Weiteren stellt sie manchmal einfach nur eine andere weibliche Person dar.

Liegt sie von negativen Karten umgeben, so sollte man auf die Themen achten, welche um die Schlange herumliegen. In diesen Lebensbereichen ist entweder Falschheit zu erwarten, oder aber eine Art Neugeburt. Dies sagen wiederum die umliegenden Karten aus, in welche Richtung hier die Schlange weist.

Liegt die Karte nahe bei den Themen Liebe, Partnerschaft und Freundschaft, so verdient sie hier besondere Beachtung. Zum einen kann die Karte hier eine weibliche Exbeziehung anzeigen und was hier zu erwarten ist. Zum anderen jedoch kann die Schlange darauf hinweisen, dass hier viel Lernarbeit wartet. Die Gefühle sind hier oft schwammig und wankelmütig. Diese Karte fordert dazu auf, genauer hinzusehen, die eigenen Gefühle und die des Gegenübers auch einmal zu hinterfragen. Denn es könnte sein, dass nicht alles so ist, wie man glaubt, es zu fühlen.

Dies gilt so ziemlich für jeden Lebensbereich, bei dem diese Karte in Begleitung negativer Karten auftaucht „Sei achtsam vor den Gefühlen und den Worten anderer, sie könnten schöner bei dir ankommen oder klingen als sie gemeint sind“.

Sei aber auch achtsam, dass Du andere nicht mit falschen Worten oder Versprechen, welche Du nicht einhalten kannst, oder mit deiner Ausstrahlung überzeugen willst und hinterfrage auch deine eigenen Gründe, wieso Du etwas unbedingt haben willst, dass nicht freiwillig zu dir kommt.

Ansonsten warnt diese Karte, in Verbindung mit negativen Karten allgemein vor Falschheit, Hinterlist und Hinterhalt, sowie vor Aktionen, die aus Neid und Eifersucht geboren wurden.

Als Tageskarte:

Ziehst Du die Schlange als eine der Tageskarten, so will Sie die sagen „Sei heute etwas achtsamer vor den Worten du dem Verhalten andere, aber auch bei Dir selbst".

An so einem Tag bist Du wahrscheinlich anfälliger für Lügen, charmante Worte ohne Substanz, für Täuschungen und falsche Versprechungen.

Jedoch kann die Karte auch sagen, dass Du heute gut überprüfen sollst, wenn DU etwas Neues beginnen willst, Verträge unterschreibst oder größer und/oder wichtige Entscheidungen treffen musst. Du bist sehr wahrscheinlich an so einem Tag nicht objektiv genug oder siehst alles positiver, als es ist und übersiehst dadurch Kleinigkeiten, die später weitreichende Folgen haben können.

Oder aber die Karte will dich warnen davor, dass Du Falschinformationen erliegen könntest. Deshalb, an diesem Tag alles genauestens prüfen und nicht alle schönen Worte sofort glauben.

Und sie warnt Dich davor, an diesem Tag selbst ein sehr korrektes Verhalten zu leben. Auch die kleinste Lüge wird zu dir zurückfinden, auch wenn es erst weit in der Zukunft ist, und dir dann selbst schaden.

Mit positiven Begleitkarten wird dir angezeigt, dass dies ein guter Tag wäre, um neues zu beginnen oder neue Pläne zu schmieden, alles was mit einer „Neugeburt" einer

„Neuausrichtung“ zu tun hat, könnte heute begonnen werden und positive Früchte tragen.

Oder aber Du siehst Probleme und Schwierigkeiten an diesem Tag von einem anderen Standpunkt aus oder aus einer anderen Richtung und wirst plötzlich die Lösung finden.

Als Personenkarte:

Die Karte stellt eine reizbare Person dar, der älter oder reifer ist als DU selbst.

Aber auch jemanden weiblichen aus der Vergangenheit, eine Ex-Freundin, Ex-Partnerin etc.

Auch eine Chefin oder andere Vorgesetzte, die Mutter, Oma, ältere Verwandte sowie eine Ärztin oder Rechtsperson kann durch diese Karte symbolisiert werden. Als Begleitkarte zu einer anderen Personenkarte, kann sie eine Person darstellen, der mit Vorsicht zu begegnen ist, da diese falsch, eifersüchtig oder hinterhältig sein könnte. Aber auch hier gilt, es kommt darauf an welche Karten noch dabei liegen, da die Schlange auch eine weise und lebenserfahrene Person darstellen kann.

8. Der Sarg

Kurzbedeutungen

Positiv:

Überflüssiges geht, Neubeginn, Altes stirbt ab, Loslassen, ein Ende, das sich als positiv erweisen wird, kritische Situationen erfolgreich meistern, Wegbereitung für Neues, Trost, geplantes Ende, nach vorne schauen in der Gewissheit, dass alles gut wird, geplant altes gehen lassen um neues zu empfangen, Weiterentwicklung, Ent-Täuschung, die Psyche spricht durch Schmerz und Trauer, bei Krisen ruhig bleiben, freiwillige Veränderungen, ein Ende welches geplant wird zugunsten neuer Pläne.

Negativ:

Zurückschauen anstatt nach vorne, Verlust, Schmerz, an altem festhalten und dadurch neues verweigern, Stagnation, Kummer, Verlust, Erkenntnisse nur durch schmerzhafte Situationen erlangen, Melancholie, Zerbrechen, an Enttäuschungen festhalten, Tal der Tränen, Leiden, Abschied, in Krisensituationen den Verstand nicht benutzen, plötzliches Ende, aufgezwungene Veränderungen.

Allgemeine Bedeutung der Karte:

Hier geht es selten um den realen Tod (hierfür müssten noch einige andere Karten dabei liegen), sondern die Karte kann auch anzeigen, dass es an der Zeit ist, etwas gehen zu lassen um eine Neugeburt oder Neuausrichtung erleben zu können. Die Karte kann Dir sagen, dass sich etwas, dass Du in den schönsten Farben gesehen hast, plötzlich ganz anders erscheint.

Diese Karte zeigt dir an, dass man durch Loslassen des Alten oder Überholten, Platz für Neues schaffen kann. Natürlich muss man sich dafür erst einmal mit einem Ende oder Abschluss von etwas Gewohntem oder liebgewonnenen auseinandersetzen um so den Boden für das Neue bereiten zu können.

Dieses Ende kann sehr schmerzhaft sein aber letztendlich auch sehr befreiend. Sie kann die schmerzhafte Neugeburt, des Phönix, der aus der Asche aufsteigt, symbolisieren.

Wo diese Karte auftaucht, sagt sie dir, dass Du selbst im angezeigten Bereich über ein Loslassen oder Gehenlassen nachdenken solltest, da dir sonst das Leben hier eine heftige Lektion auf den Weg schicken könnte um den nötigen Wechsel geschehen zu lassen.

Diese Karte zeigt dir im Grunde die Befreiung deiner frei gewählten Fesseln an.

Wirst Du selbst nicht aktiv, so wird das Leben dich in die erforderliche Veränderung hineinführen. Diese Aussage gilt für die Personen, die direkt bei der Karte liegen, oder die benachbarten Karten zeigen dir die entsprechende Lebenssituation an.

Als Tageskarte:

An diesem Tag sollte man sich nichts Großartiges oder Kompliziertes vornehmen, da hier wahrscheinlich, nichts läuft, wie man es plante.

Auch zeigt die Karte Unfallgefahren an und Situationen, in denen man die Macht andere zu spüren bekommt.

Auch ist es möglich, dass man krank wird oder eine bestehende Krankheit sich verschlechtert.

Eine besondere Bedeutung kommt dem Sarg in den zwischenmenschlichen Beziehungen zu. Hier kann es sein, dass man sich von jemandem trennt oder dass das Verhalten eines Menschen oder einem selbst dazu führt, dass ein tiefer Bruch zwischen Menschen entstehen kann.

Auch Absagen oder Nichtzustandekommen von Verabredungen oder Absprachen sind an solchen Tagen möglich.

Im positiven Sinne zeigt diese Karte an, dass man nun vielleicht bereit ist, Altes, Überholtes und/oder Belastendes aufzugeben und gehen zu lassen.

Auch kann man Tag, an denen diese Karte auftaucht dazu nutzen um alten Ballast loszuwerden, der einem nur noch belastet hat.

Abschied ist eines der Schlüsselworte für diese Karte. Von was genau man sich löst oder Abschied nimmt, sollten ein oder zwei weiter dazu gezogene Karten aussagen können.

Als Personenkarte:

Hier wird eine Person angezeigt, die gerne an alten und überholten Überzeugungen festhält und diese auch vehement verteidigen wird.

Auch Personen mit Depressionen oder einem sehr rauen ins Brutale gehenden Charakter können hier dargestellt werden.

Streitsucht und anderen die eigene Meinung aufdrängen, wenn möglich auch mit unlauteren Mittel oder Gewalt, gehören ebenso zu dieser Karte, wie Menschen, die sich von anderen ständig ihre eigene Meinung kleinreden lassen. Hier kommt es darauf an, welche Begleitkarten dabei liegen.

Diese Karte kann dich auch vor einer Person insofern warnen, all diese für dich gefährlich werden kann oder dir seelischen Kummer bereiten könnte.

Ganz profan kann die Karte aber auch eine Person anzeigen, welche beruflich mit dem Thema Tod und schweren oder seelischen Krankheiten zu tun hat.

9. Die Blumen

Kurzbedeutungen

Positiv:

Kreativität, Geschenk, Gabe, Kunst, Gewinn, gute Ideen, Sorglosigkeit, Leichtigkeit, Natur, Üppigkeit, aus der eigenen Fülle leben, seelische Bereicherungen, Beförderung, Bewerbungen mit Erfolg, mehr innerer als äußerer Reichtum, Überraschung, Wachstum, Erfolg, Bewusstwerdung, Feierlichkeit, eine gute Gelegenheit, Urlaub, Naturheilmittel.

Negativ:

Vergebliche Hoffnung, Verabredungen werden abgesagt, Vergnügungssucht, Absagen, etwas Wertvolles geht verloren, Missachtung der eigenen Talente führt zu Misserfolgen, eine Einladung kommt nicht, innerer Reichtum wird nicht anerkannt, Habgier, Erfolg suchen ohne etwas dafür zu tun, eine Feier wird abgesagt oder läuft schief.

Allgemeine Bedeutung:

Der Blumenstrauß verweist uns auf die schönen Seiten des Lebens, darauf, dass wir das positive nicht übersehen sollen und dass nach jedem Regen auch die Sonne und neues Wachstum folgt.

Diese Karte hat einen starken Bezug zur Natur und auch der Heilkunde. Liegen berufliche Karten dabei und die Sonne oder die Sterne, so kann man hier ein Talent in naturheilkundlichen Bereich vorhersagen.

Bei Erkrankungen weißt Sie uns daraufhin, die Heilkräfte der Natur zu nutzen.

Diese Karte steht aber auch für jede Art des Vergnügens und positiver Unternehmungen. Ist sie allerdings von negativen Karten begleitet, so sind keines Erfolgs,- sondern Verlustnachrichten angezeigt.

Alles was mit Einladungen, Feierlichkeiten, Geschenken und mit Leichtigkeit zu tun hat, wird dem Blumenstrauß zugeordnet.

Taucht diese Karte im beruflichen Bereich auf, so kann man mit einer Erfolgsnachricht, einer Beförderung oder, wenn der Brief oder das Buch anbei liegen, mit einem neuen Arbeitsvertrag rechnen.

In der Liebe spricht sie für neue Gefühle, dies können auch wieder neu erwachte Gefühle sein.

Der Blumenstrauß kann dich aber auch davor warnen, nicht zu gutgläubig zu sein und schönen Worten oder Gesten nicht zu viel Bedeutung beizumessen, sondern auch dahinter zu schauen und zu erkennen, ob die schönen Worte auch der Wahrheit entsprechen. Denn als charakterliches Merkmal zeigt der Blumenstrauß auch Leichtgläubigkeit an und die Neigung nur das Gute und Schöne sehen und wahrnehmen zu wollen.

Als Tageskarte:

Ein positiver Tag ist zu erwarten, der mit einigen schönen Momenten gekrönt werden könnte.

Vielleicht kommt eine besondere Einladung, oder ein lange erwarteter Kontakt, kommt nun zustande. Liegen Personenkarten dabei, so kann man sich auf angenehme Gesellschaft freuen, sofern keine negativen Begleitkarten dabei liegen.

Liegen jedoch Karten wie der Fuchs oder die Schlange bei dem Blumenstrauß, so sollte man an diesem Tag sehr achtsam sein, wenn jemand sehr freundlich auf einem zukommt. Hier könnte die Freundlichkeit nur eine Maske sein.

Im Falle einer Erkrankung zeigt dir die Karte an, dass nun ein neues Heilmittel gefunden wird oder aber, dass die Heilung beginnt.

Mit dem Schiff oder den Störchen kommt eine Überraschung aus der Ferne.

Als Personenkarte:

Eine freundliche nette Person. Mit negativen Karten dabei ist die Freundlichkeit nur gespielt. Jemand der gerne in Feierlaune ist und das Leben in vollen Zügen genießt. Auch, eine großzügige Person und/oder charmante Person.

Hier kann auch ein Künstler dargestellt werden, je nach Begleitkarten kann es aber auch sein, dass diese Person denkt, sie sei begabt ohne zu erkennen, dass sie sich selbst täuscht.

Mit den Ruten dabei ist dies eine Person, die unheimlich viel und gerne redet. Den Inhalt dieser Gespräche kann man den Begleitkarten entnehmen.

Liegt diese Karte direkt bei der Personenkarte, so hat man es hier mit einer sehr gutmütigen Person zu tun. Jedoch in Begleitung des Fuchses, oder der Schlange, Sense oder anderen negativen Karten, kann es sein, dass die dargestellte Person, nicht ehrlich ist und sie dir nicht vertraut. Liegen die Ruten anbei, so kann hier die Neigung zu Tratsch vorhanden sein. Liegt die Sense bei dem Blumenstrauß und der Personenkarte, so ist die Freundlichkeit nur eine Maske, unter der ein negativer oder gefährlicher Charakter verborgen sein kann.

In Verbindung mit dem Sarg und dem Mond, zeigt der Blumenstrauß auch einen Menschen an, welcher unter starker Selbstkritik leidet und dessen Selbstwertgefühl nur sehr gering ist.

10. Die Sense

Kurzbedeutungen

Positiv:

Plötzliche positive Veränderung, Eile, Schnelligkeit, ungeplante Veränderung, die sich als positiv erweisen, überraschender einschneidender Eingriff ins Leben, etwas wird plötzlich umgesetzt, etwas steht kurz bevor, plötzliche Nachrichten, Alles aus Metall,

Negativ:

Ungeplante negative Veränderungen, Überstürzen, Schock, Unfall, Eifersucht, Verletzung, Zweifel, Verletzung, Zweifel, Streit, schlechtes Gewissen, Trennung

Allgemeine Bedeutung:

Ich möchte hie erwähnen, dass ich bei meinen Deutungen keinen Wert darauflege, in welche Richtung die Sense schaut. Jede Karte um eine andere Karte herum hat eine gemeinsame Bedeutung mit der Sense. Wer mag, kann dies anfangs gerne als Richtlinie nehmen, jedoch sollte man mit der Zeit ein eigenes Gespür dafür erlangen, was genau diese Karte sagen möchte, ohne sich an Blickrichtungen aufzuhalten.

Alles was bei der Sense liegt, kommt plötzlich, überraschend oder wird plötzlich in Angriff genommen, je nach beiliegenden Karten.

Dies ist eine Karte voller Energie und positiven und/oder negativen Überraschungen.

Sie zeigt Dir, was unmittelbar bevorsteht oder was dich überrollt.

Aber, sie will Dir auch die Bereiche zeigen, in denen Du entweder zu übereilt handeln könntest oder aber (je nach umliegenden Karten), wo Du endlich ins Handeln kommen sollst.

Auch macht sie dich aufmerksam darauf, woher Gefahren drohen. In Verbindung mit dem Schiff zum Beispiel, warnt sie Dich vor einem Unfall. Mit der Reiterin zusammen vor einen Sport oder Freizeitunfall. Mit dem Ring vor einer Trennung usw. hier sind aber wiederum alle Begleitkarten zu beachten, da die Sense nun einmal genauso gut freudige Ereignisse zeigen kann.

Diese Karte ist sehr vielseitig und wird zu Unrecht ängstlich betrachtet.

Wo diese Karte auftaucht, kann es sein, dass etwas Altes, Gewohntes, plötzlich zusammenbricht und Chaos und Bestürzung auslöst. Jedoch zeigt sie gleichzeitig an, dass hier dann die Chance gegeben ist, etwas Neues, Größeres, Besseres aus den Trümmern heraus aufzubauen.

Als Tageskarte:

Hier kündigt Dir die Karte Überraschungen oder Gefahren an. Bist Du Dir unsicher, was genau sie sagen will, dann ziehe bis zu drei Karten hinterher, da gerade bei der Sense unbewusste Ängste Fehlinterpretationen fördern können.

Diese Karte kann Dir aber auch einfach nur deine eigene Tagesstimmung anzeigen. Es mag sein, dass Du an diesem Tag gereizt und geladen bist und Du explosiv reagieren kannst. Kurz gesagt, es könnte dich die Mücke an der Wand stören. Oder DU bist einfach in einer negativen Grundstimmung.

Es könnten plötzliche Nachrichten kommen, in welcher Art sollten die anderen Karten zeigen. Auch unverhoffte Chancen oder aber Gefahren sind möglich.

Irgendetwas Wichtiges könnte sich an diesem Tag ändern oder aber Dir kommt plötzlich die Lösung für ein lange herumgetragenes Problem.

Diese Karte kann dich aber auch davor warnen, am heutigen Tag nicht leichtsinnig zu sein, da Verlustgefahr droht.

Als Personenkarte:

Hier wird eine Person angekündigt, welche sehr dynamisch sein kann. Ob im positiven oder negativen Sinne müssen dir die Nachbarkarten zeigen.

Oder eine Person, welche in ihrer Begeisterung rasant übers Ziel hinausschießen kann, weil einfach etwas begonnen wird ohne über Konsequenzen nachzudenken.

Im positiven Sinne begegnet Dir hier ein Mensch der eine/einige der folgenden Eigenschaften besitzt:

Dynamisch, sportlich, durchsetzungsfähig, begeisterungsfähig, voller Elan, liebt schnelle Entschlüsse und deren schnelle/sofortige Umsetzung, positiv aggressiv, handelt, wenn es nötig ist schnell und gezielt.

Als Personenkarte, im negativen Sinne kann sie einen Menschen zeigen, der eine aggressive, ungeduldige Ader hat und der gerne übers Ziel hinausschießt. Oder aber den jede Kleinigkeit, die nicht nach seinem Sinne läuft, zum Explodieren bringt.

Als Gefahrenkarte bei einer Personenkarte, kann sie dir auch eine Person beschreiben, von der Dir Gefahr droht. Aber auch hier müssen die umliegenden Karten genauestens beachtet und gedeutet werden.

11. Die Ruten

Kurzbedeutungen

Positiv:

Lob, geistige Beweglichkeit, Gespräche, positive Diskussionen, körperliche Aktivitäten, konstruktive Kritik, Klärung ist möglich, mündliche Nachrichten, Flexibilität, Beweglichkeit, Auskünfte, Gedanken, Phantasie, Wortgewandtheit, ausführliche Gespräche, charakterliche Offenheit, Intuition, Empathie.

Negativ:

Aggressivität in Wort und Schrift, Streit, Seitenhiebe, Zurechtweisungen die unbegründet sind, Bestrafung, üble Nachrede, Kopie deiner Arbeit, Starrheit im Denken und Handeln, Angst, Angstzustände, Verwirrtheit, Beschimpfungen, auf seiner Meinung beharren, geistige

Unbeweglichkeit, ein Charakter, der sich nicht festlegen mag.

Allgemeine Bedeutung:

Diese Karte kündigt Veränderungen und Chancen an, die mündlich mitgeteilt werden. Jedoch kann diese Karte auch ausführliche Diskussionen oder große Streitigkeiten ankündigen, je nach Begleitkarten.

Möchtest Du wissen, wie jemand geistig eingestellt ist, so ziehst Du diese Karte zu Rate und schaust dafür die umliegenden Karten genauer an.

Stehen Treffen, Gespräche, Termine oder Aktivitäten an, bei denen Redegewandtheit und/oder Schlagfertigkeit gefordert ist, ist es wichtig darauf zu achten, wo im Kartenbild die Ruten liegen.

Diese Karte zeigt aber auch, wenn nach einem bestimmten Menschen gefragt wird, ob dieser über Einfühlungsvermögen und die Fähigkeit auf andere einzugehen verfügt. Mit negativen Karten begleitet, wird es eher ein Mensch sein, der auf seiner eigenen Meinung beharrt und sich auf jeden Fall durchsetzen will.

Als Tageskarte:

Dieser Tag kann dir wichtige Gespräche bringen, oder aber für dich persönlich neue Einsichten und eine Änderung deiner Pläne.

Möglich ist auch, dass Du dich mit einer eher sportlichen Tätigkeit beschäftigst oder Bewegung an diesem Tag wichtig ist.

Hast Du aber eine sehr negative Karte dabei, kann dich die Karte auch vor Missgeschick und Unwohlsein warnen.

Hast Du zeitgleich eine Personenkarte gezogen, so muss die dritte oder eine nachgezogene Karte darüber Auskunft geben, ob positive Gespräche auf dich zukommen oder aber unsinnige Diskussionen oder gar Streitigkeiten.

In Verbindung mit Karten wie z.B. Schlange, Sense, Wolken usw. könne dir Schwierigkeiten, Verletzungen oder Blockaden angezeigt werden.

Als Personenkarte:

Je nach Begleitkarten, ein offener geistig beweglicher oder ein intuitiver Mensch oder ein Rechthaber und Besserwisser, der stur auf seinen eigenen Ansichten beharrt.

Hier kann ein guter Redner und empathischer Mensch dargestellt werden, sofern positive Karten in Begleitung liegen, oder aber ein streitlustiger und angriffslustiger Mensch.

Körperlich beschreibt diese Karte einen sportlichen und beweglichen Menschen, der sich gerne bewegt. Auch eine muskulöse jedoch schlanke und sehnige Figur kann hier angezeigt werden.

Liegt die Sense dabei oder die Schlange, so kann es auch einen Menschen darstellen, der dir gefährlich werden kann, entweder durch körperliche oder mündliche Gewalt.

12. Die Vögel

Kurzbedeutungen

Positiv:

Nachrichten, Neuigkeiten, man erfährt etwas, schriftlicher Austausch, Chats, Emails, Freiheiten, Loslösung um Neues zu erkunden, kurze Reisen, Trips, kurze Erlebnisse, Momentaufnahmen, Ideen und Visionen die plötzlich auftauchen, Gedankenblitze, Kommunikation, Freizeit, Spiel, lockere Bekanntschaft.

Negativ:

Klatsch und Tratsch, üble Nachrede, Absage/n, Gespräche werden verweigert, erwartete Nachrichten kommen nicht, zu wenig Zeit für Freizeitaktivitäten, Schweigen, sich ohne Erklärung zurückziehen, verhaftet im Alten und

Überholten, Absagen, dem Moment wird eine Bedeutung beigemessen, ein Versprechen wird gebrochen.

Allgemeine Bedeutung:

Dies ist natürlich vorrangig die Karte der Nachrichten und Botschaften, allerdings solche, die nicht aus zu weiter Ferne kommen. Alles was an Mitteilungen gefragt wird, fällt unter diese Karte.

Aber sie ist auch die Karte der kleinen Verträge, Zusagen und Abmachungen. Je nach Begleitkarten wird eine Abmachung oder Versprechen gehalten oder eben nicht.

Auch zeigt diese Karte Freizeitaktivitäten und Hobbys an. Kurze Inlandspreisen, Fahrten, Spaziergänge usw. gehören ebenso zu ihr, wie diverse Hobbys, welche nur zur Entspannung ausgeübt werden.

Aber auch hier kommt es immer darauf an, welche Karten dabei liegen. Mit der Sonne zum Beispiel kann es das Internet darstellen, aber wenn dabei auch noch eine berufliche Karte liegt, eine Nachricht Selbständigkeit betreffend.

Mit dem Herzen, dem Ring oder anderen Gefühlskarten, wird hier eine Nachricht im Gefühlsbereich angezeigt. Mit dem Anker, der Sonne und ähnlichen Karten, geht es eher um den Beruf.

Als Tageskarte:

An diesem Tag könnten wichtige Nachrichten anstehen, ob diese positiv oder negativ sind können nur die umliegenden Karten aussagen.

Oder aber an diesem Tag wird etwas Vertragliches von Wichtigkeit sein. Auch hier die umliegenden Karten mitdeuten.

Möglich ist auch, dass man diesen Tag einfach mit Freizeitaktivitäten oder einem Hobby verbringt, oder aber das Internet, den Tag beherrscht.

Auf alle Fälle gibt es Abwechslung auf die eine oder andere Weise. Langweilig wird dieser Tag nicht. Man könnte auch sagen, die alltägliche Routine wird unterbrochen.

Als Personenkarte:

Hier wird entweder ein geselliger und redseliger Mensch angezeigt, oder aber jemand, der sich Neuem und dem Fortschritt verweigert. Die beiliegenden Karten werden dies deutlicher zeigen.

Oftmals wird hier ein Mensch angezeigt, der den neuesten Klatsch und Tratsch ausbreiten möchte/kann. Oder aber ein sehr verschlossener Mensch, der Angst hat sich zu äußern.

Mit den Sternen, der Sonne, dem Mond oder dem Park könnte es sich um einen Menschen handeln, der voller Visionen und Träume ist.

Aber diese Karte kann auch einfach einen Menschen beschrieben, welcher auf irgendeine Art mit schriftlichen Dingen zu tun hat.

Liegt das Herz dabei und die Ruten, so handelt es sich um einen Menschen, welcher wohl verliebt ist und seine Gefühle offenbaren möchte.

13. Das Kind

Kurzbedeutungen

Positiv:

Diese Karte steht für alles was Kinder und Jugendliche betrifft, die Chance neu zu beginnen, locker, spielerisch, positiv neugierig, Neuigkeiten, Neuanfang, ermöglichen, seine kindliche Neugier bewahren, Pubertät, Erneuerung, Zukunft, Spiel und Vergnügen, Erinnerungen, Urvertrauen.

Negativ:

Leichtgläubigkeit, naiv, Unwissenheit, negativ neugierig, Trotz, nicht erwachsen werden, sich einem Neubeginn verweigern, an der Vergangenheit festhalten, Probleme mit Kindern oder/oder Jugendlichen, Unselbständigkeit.

Allgemeine Bedeutung:

Diese Karte stellt unter anderem alles dar, was mit Kind/ern zu tun hat.

Wo diese Karte auftaucht ermöglicht sie einen Neubeginn oder sie zeigt an, dass ein Neubeginn nötig wäre, dieser aber verweigert wird, weshalb zeigen die umliegenden Karten an. Diese Karte kann auch zeigen, dass man sich naiv, trotzig abgelenkt oder unreif verhält.

Situationen in denen man ehr vorwärtsgehen, zugreifen, handeln oder etwas energischer sein sollte, könnten durch kindliche Verweigerung blockiert oder verzögert werden.

Auch kann diese Karte zeigen, dass einem für bestimmte Projekte oder Pläne einfach die nötige Reife fehlt.

Auch kann die Karte anzeigen, dass mehr Offenheit und Risikobereitschaft gefordert wird, dies jedoch nicht auf leichtsinnige Art, sondern durchdacht.

Auch kann diese Karte dir zeigen, dass Probleme eher spielerisch angegangen werden sollten, nicht verbissen und stur, sondern offen für neue Erfahrungen.

Als Tageskarte:

Dies könnte ein Tag sein, den man der Freizeit widmen kann oder sollte. Neues rückt ins Blickfeld und darf erforscht werden.

Vielleicht steht auch einfach nur eine Vergnügungsreise oder Unternehmungen im Freien an.

Die Karte kann dir aber auch einfach sagen, dass Du nicht so verbissen und ernst in den Tag gehen solltest, sondern offen sein für Neues und Interessantes. Oder aber wäre an diesem Tag ein guter Zeitpunkt um ein neues Hobby oder ein neues Thema zu beginnen, da nun die innere Bereitschaft da wäre, dies locker anzugehen.

Möglich ist aber auch, dass diese Karte Dir zeigen will, dass es an der Zeit ist, Neues in dein Leben einzulassen, weil Du zu sehr an der Vergangenheit hängst und so der Zukunft den Weg versperrst.

Oder sie bedeutet einfach nur, dass an diesem Tag ein Kind oder Kinder im Mittelpunkt stehen. Ob dies nun negativ oder positiv ist, müssen weitere Karten anzeigen.

Als Personenkarte:

Die Karte kann ein Kind oder einen jungen Menschen anzeigen. Vielleicht zeigt sie auch einen Menschen an, der jünger ist als Du. Liegt diese Karte beim Herzensmann oder der Herzensfrau, so zeigt diese einen Altersunterschied von mindestens fünf Jahren oder auch mehr an.

Außerdem zeigt diese Karte an, dass der betreffende Mensch entweder sehr naiv und unreif ist, oder aber einen Menschen, der seine positiven kindlichen Eigenschaften unterdrückt.

Mit einer finanziellen Karte und einer Suchtkarte wird hier ein spielsüchtiger Mensch angezeigt.

Jedoch kann hier auch eine Person dargestellt werden, welche nicht erwachsen werden will und lieber mit Leichtigkeit und der Unterstützung anderer Menschen durchs Leben geht.

14. Der Fuchs

Kurzbedeutungen

Positiv:

Klugheit, denken vor dem Handeln, gut durchdachte Entscheidungen, Selbstbewusstsein, sich selbst leben, Sanftmut, Intuition, Energie, Diplomatie, gut durchdacht, Verwandlungskünstler, sich leicht neuen Situationen anpassen können, Probleme lösen können, gesunde Vorsicht, Achtsamkeit, seine eigene Wildheit entdecken und integrieren, auf Ehrlichkeit achten, Vorsicht.

Negativ:

Misstrauen, falsche Informationen, falsche Diagnose, falscher Blick auf die Dinge, schlecht Entscheidungen, es muss noch etwas gelernt werden, ungewohnten Situationen vermeiden, sich vor Entscheidungen zu drücken, Probleme ignorieren, chaotisches Verhalten, sich durchschummeln, Unachtsamkeit.

Allgemeine Bedeutung:

Dieser Karte wird gerne Falschheit, Raffiniertheit und Hinterlist zugeschrieben, jedoch kommt es hier immer auf die Begleitkarten an. In den seltensten Fällen hat der Fuchs solch negative Aussagen. Gerade weil der Fuchs in der freien Natur Überträger der Tollwut sein kann, hat man ihm viele negative Eigenschaften zugeschrieben. Er zeigt Dir, wo Du die Verbindung zu Dir selbst verloren hast und die Meinungen und Ansichten anderer übernommen hast. Er macht dich darauf aufmerksam, dass Du dabei bist, nicht dich und deine Leben zu führen, sondern wo Du dich selbst in Anpassungen verlierst.

Auch warnt er dich davor, einfach anderen zu folgen, ohne deren Handlungen und Begründungen zu hinterfragen.

In Verbindung mit Karten wie die Schlange, die Sense, der Turm, die Mäuse warnt er dich vor Falschheit, Hinterlist und Lügen. Mit den Wolken jedoch zeigt er dir, dass Du oder die Person, die durch ihn dargestellt wird, dabei ist, eine falsche Entscheidung zu treffen. Liegt er mit den Ruten zusammen, so kann er vor Lügen warnen. Mit Karten, die eine Nachricht ankündigen, kann er vor falschen Informationen warnen, ob diese nun bewusst oder unbewusst getätigt werden, müssen die umliegenden Karten aussagen.

Der Fuchs hilft dir, dein Denken und dein Handeln in Einklang zu bringen. Jedoch hilft er dir auch dabei, die Aktivitäten und Handlungen anderer zu durchschauen und Falschheit oder Negatives zu erkennen. Der Fuchs ist der Hüter deiner Seele, deines eigenen Selbst und will dich ermuntern, auf dich selbst zu vertrauen und deine eigenen Entscheidungen zu treffen.

Als Tageskarte:

An diesem Tag sind kluge und gut durchdachte Entscheidungen gefragt. Oder Nachrichten, Informationen und Menschen, die dir heute begegnen, sollten nicht einfach so angenommen werden, wie sie dir erscheinen, sondern, Du solltest hinter die Fassade schauen. Je nach Begleitkarten sind Informationen oder Menschen, die dir heute begegnen eine Hilfe für dich oder eine Blockierung.

Dieser Tag könnte aber einfach auch nur unter dem Thema stehen, deine eigenen Handlungen und Denkweise zu überdenken, zu hinterfragen und gegebenenfalls zu ändern.

Begegnet dir heute ein Mensch, der dich vom ersten Moment an begeistert, solltest Du diesen Menschen genauestens anschauen, ob dies, was er vermittelt, der Wahrheit entspricht, da Du vielleicht momentan leicht auf Blender hereinfällst. Anstehende Entscheidungen solltest Du an so einem Tag genauestens prüfen und hier ganz besonders achtsam sein, wenn Du dir bei anderen Rat einholen willst, da der Fuchs dich aufmerksam machen will, dass Du deinen eigenen Entscheidungen vollkommen vertrauen kannst. In Verbindung mit Arbeits- oder Geldkarten, kann je nach Begleitkarten eine gute Chance anstehen oder ein Verlust.

Als Personenkarte:

Hier wird ein Anpassungskünstler angezeigt, oder ein Mensch, der geistig rege und gewandt ist. Im negativen Fall zeigt dir die Karte jemanden, der dir falsche Dinge erzählt oder dich zu etwas überreden möchte, was nicht zu dir passt oder dir schaden kann.

Aber auch der Guru, Lehrer und Meister, dessen Ausstrahlung dich bezaubert, hinter der sich jedoch Lügen und eigene Interessen verbergen, kann durch den Fuchs dargestellt werden. Erscheint der Fuchs bei einer Personenkarte, dann solltest Du genauer hinschauen und hinterfragen, was dich hier so fasziniert, ob dieser Mensch dir Wahrheiten erzählt oder nur heiße Luft verbreitet um seine eigenen Interessen zu fördern.

15. Der Bär

Kurzbedeutungen

Positiv:

Kraft, Energie, zentriert bleiben, sich den Problemen stellen, Kräfte klug einsetzen, Reserven, nicht auf Spielchen einsteigen, Ruhepausen zur richtigen Zeit, Mutterinstinkte, auf die eigene Seele achten, kräftiger Körper im positiven Sinne, ausgewogene Ernährung, im Rahmen seiner Möglichkeiten wirken und diese klug ausbauen, seine Grenzen kennen, Naturverbundenheit, geerdet sein, positive Nachrichten kommen, Überbringer von Nachrichten und/oder Neuigkeiten, ein Bote, Urkräfte, natürliche Instinkte.

Negativ:

Angriff, Vergeudung von Ressourcen, negative Spontaneität, Kampf, die innere Mitte verlieren, unnötiger Kraftaufwand, Gereiztheit, sich verausgaben, Geiz in allen

Bereichen, den Ruf der Seele ignorieren, körperlicher Zustand negativ, zu viel Nahrung zu sich nehmen, Diätsünden, die eigenen Talente ignorieren, Stillstand, Widerstand leisten, wo es unangebracht ist, Materielles wird überbewertet, schlechte Neuigkeiten, Ausschweifungen, Neid, rohe Gewalt.

Allgemeine Bedeutung:

Der Bär weist daraufhin, dass wir mit der Erde verwurzelt bleiben sollen. Er zeigt uns, wo unsere Energien zum positiven oder negativen fließen und gibt Hinweise darauf, wo wir etwas ändern können.

Auch zeigt der Bär gerne den gesundheitlichen Zustand an. Liegen positive Karten dabei, wie z.B. die Sonne, die Sterne, der Klee usw. zeigt er eine gute Vitalität und Energie an. Mit Karten wie z.B. die Mäuse, die Sense, den Wolken etc. weißt der Bär daraufhin seine Energien zu bündeln oder diese nicht zu verschwenden. Je nach weiteren Karten lässt sich aussagen, in welche Richtung es geht.

Bei Liebesdingen fordert der Bär dich auf, auf dem Boden zu bleiben, auch wenn es noch so viele rosarote Wolken gibt, verliere nicht den Blick auf die Tatsachen. Jedoch zeigt der Bär mit positiven Karten im Bereich Liebe und Gefühle auch an, dass eine gesunde Partnerschaft auf dich zukommen kann. Liegen jedoch Karten anbei, wie z. B die Sense, die Mäuse, der Berg, der Turm und Ähnliche, so kann hier eine Beziehung angezeigt werden, welche große Probleme mit sich bringt. Genaueres erzählen die umliegenden Karten und Kombinationen.

Manchmal berichtet der Bär auch von aggressiven Situationen, oder von Menschen, welche angriffslustig und kämpferisch sind. Dies kann auch auf dich zutreffen, sofern eine entsprechende Kombination bei dir selbst liegt.

Bei allem was mit der Vitalität, Energie, Kämpfen und Aggressionen zu tun hat, sollte die Karte der Bär intensiver angeschaut werden.

Aber auch bei Fragen zur Natur, zum Schamanismus oder Naturreligionen und entsprechenden Praktiken, kann der Bär zusätzliche Auskünfte geben. Im spirituellen Bereich sollte darauf geachtet werden, ob der Mond oder die Sterne unmittelbar beim Bär liegen. In diesem Falle gibt er dir extra Auskünfte zu diesen Themen.

Auch berichtet dir der Bär davon, ob und inwieweit Autorität, Macht und Unterdrückung, oder das Gegenteil, bewusst geübte Macht und Autorität, in deinem Leben eine Rolle spielen und von wem oder was diese ausgeht.

Als Tageskarte:

Der Bär möchte dir sagen, dass Du dich an diesem Tag etwas mehr auf dich selbst konzentrieren solltest. Deine Energien überprüfen und vielleicht ausgleichen. Ein Besuch in der Natur oder einfach ins Freie gehen.

Möglich ist auch, dass Du an diesem Tag unausgeglichen bis aggressiv bist, oder aber solchen Menschen begegnest, oder aber in eine etwas brenzlige Situation geraten könntest.

Auch kann dich diese Karte darauf hinweisen, dass nun ein guter Zeitpunkt wäre, um neuen Plänen und Objekten eine gesunde Grundlage zu erschaffen. Was Du nun beginnst, kann mit Bedacht weiteraufgebaut werden.

Ist der Bär aber von negativen Karten begleitet, oder werden solche nachgezogen, könnte es eine Warnung davor sein, unbedingt etwas Neues durchsetzen zu wollen.

Möglich wäre, dass Du unkonzentriert (ungeerdet) bist und nach Möglichkeit nichts Wichtiges in Angriff nehmen solltest.

Taucht der Bär als Tageskarte auf, solltest Du immer ein bis zwei weitere Karten dazu ziehen, um zu erkennen, welche Botschaft er dir bringt.

Als Personenkarte:

Der Bär beschreibt einen Menschen, der eher dunkelhaarig und gut gebaut ist.

Je nach Begleitkarten handelt es sich um einen in sich ruhenden, schwer zu beunruhigenden Menschen hin, der sehr ausgewogene Energien besitzt und, wenn es sein muss, auch tatkräftig anpackt oder zu konstruktiven Lösungen beitragen kann.

Mit negativen Karten beschreibt er eher einen aggressiven und leicht reizbaren Menschen, welcher gerne Streit sucht oder verursacht. Mit Karten wie z.B. der Sense, dem Berg, dem Turm etc. wirst Du vor einem Menschen gewarnt, der dir evtl. gefährlich werden könnte.

Liegt bei dem Bären direkt dabei das Schiff, so zeigt es dir einen Menschen mit ausländischen Wurzeln oder mit engen Verbindungen zum Ausland an.

Außerdem steht der Bär als Signifikatorkarte für eher dunkelhaarige Personen, Freunde, oder den Rivalen.

16. Der Stern

Kurzbedeutungen

Positiv:

Wahrheit, Weisheit, Intuition, Meditation, eigene Entscheidungen, Spiritualität, Glück, gute Gelegenheiten, Erfolg, Ausstrahlung, verbunden mit dem Universum, Kreativität, Zeit der Besinnung, universelles Verständnis, die Wärme der Nacht, inneres Licht, höhere Zusammenhänge erkennen und weise nutzen, Neubeginn, Schutz, Glauben, positive Entwicklung, Zukunftspläne, positive Pläne, Medialität, die Meinungen anderer respektieren, erfüllte Wünsche.

Negativ:

Neigung zu missionieren und anderen die eigene Meinung aufzudrängen, geschickte Lügen, zu erdverbunden und verhärtet sein, Sturheit, Abneigung gegen spirituelle Themen, sich keine Zeit für privates nehmen, Egoismus,

Nichtbeachten dass Wünsche gerade nicht erfüllt werden können, Dunkelheit im negativen Sinne, sich der eigenen Intuition verschließen, Schutz und/oder Führung ablehnen, Probleme mit Autoritäten, ungeplant handeln, Okkultismus im negativen Sinne, falsche Illusionen, auf seine Meinung beharren,

Allgemeine Bedeutung:

Die Karte der Stern kann dir gute Gelegenheiten anzeigen, oder dir bestätigen, dass dein gewählter Weg ein positiver ist.

Wir sie jedoch von negativen Karten begleitet, so sollte man seine Pläne nochmals überdenken und wenn nötig korrigieren.

Mit positiven Karten teilt dir der Stern mit, dass Du optimistisch auftreten und deine Ziele und Visionen verfolgen kannst. Dein Weg wird, auch wenn es Stolpersteine gibt, von Erfolg gekrönt sein.

Liegen andere spirituelle Karten daneben, so zeigt dir der Stern eine Begabung im spirituellen oder philosophischen Bereich an.

Je nachdem, welchen Weg Du einschlägst, solltest Du hier noch andere Karten dazulegen, oder eine extra Legung mit dem Stern als Themen-Karte auslegen.

Im Bereich von Partnerschaften zeigt dir der Stern eine gute und harmonische Beziehung an. Liegen hier jedoch negative Karten dabei, solltest Du achtsam sein und dich selbst befragen, ob Du keinen Illusionen nachhängst.

Auch zeigt dir die Karte, dass deine Hoffnungen sich

erfüllen können, die umliegenden Karten zeigen dir an, was Du selbst zum Gelingen beitragen kannst. Sind die umliegenden Karten negativ, so ist dies eine Warnung dich nicht zu sehr an Illusionen zu klammern.

Als Tageskarte:

Hier zeigt die Karte der Stern, dass gute Gelegenheiten auf dich warten. Du musst sie nur erkennen und ergreifen.

Mit negativen Karten jedoch wirst Du gewarnt vor Illusionen und falschen Entscheidungen oder Beratern.

Willst Du etwas Neues lernen oder suchst Du für dich neue Wege, so ist dies eine sehr positive Karte und fordert dich auf, zu beginnen.

Liegen jedoch negative Karten anbei, so solltest Du deine Pläne verschieben oder überdenken.

Liegen Gefühlskarten dabei, so kann sich eine neue Erfahrung im Bereich Liebe, Freundschaft, Mitmenschen usw. ankündigen. Aber auch hier darauf achten, ob sich nicht eine negative Karte dabei findet, da Du dann eher gewarnt wirst, deine Gefühle nicht zu offen zu zeigen.

Als Personenkarte:

Hier wird ein Mensch angezeigt, der auf der Suche nach spirituellen Erfahrungen oder Erleuchtung ist. Oder aber ein Mensch, der sich in diesem Gebiet schon weit entwickelt hat. Liegt der Hund, der Bär oder der Reiterin dabei, so bezeichnet dies einen spirituellen Lehrer, oder einen Menschen, der dir viel neues Wissen übermitteln kann.

Bei Begleitkarten wie z.B. der Fuchs, die Mäuse, die

Wolken, der Turm usw. solltest Du sehr achtsam sein, denn hier könnte ein Mensch beschrieben werden, welcher dich bewusst oder unbewusst anlügt, oder der sein eigenes Können überschätzt.

Auch kann hier ein Mensch angezeigt werden, der offen ist für neue und positive Erfahrungen, oder jemand der offen auf seinem Weg geht und gute Chancen fühlt und ergreift.

17. Die Störche

Kurzbedeutungen

Positiv:

Veränderung, Reisen, weltoffen sein, Chancen, Transport, große Fahrzeuge, Intelligenz, Bewegung, sein Glück selbst im positiven beeinflussen, geistige Freiheit, Visionen, im Fluss sein, sich harmonisch dem Leben anpassen, Blockaden werden überwunden, in sich selbst ruhen, eine eigene Meinung haben.

Negativ:

Nötige Veränderung wird verweigert, Veränderung erzwingen, Ignoranz gegenüber neuen Ideen oder Ratschlägen, Starrheit, stur an gegebenen Umständen festhalten, auch geistig hält man am althergebrachten fest, sich selbst blockieren, Unruhe, dogmatisch.

Allgemeine Bedeutung:

Diese Karte will hauptsächlich darauf aufmerksam machen, dass Wechsel und Veränderungen anstehen. Je nach Begleitkarten kann man sagen, ob dies freiwillig geschieht oder ob einem das Leben diese Änderungen aufzwingt.

Liegt der Storch bei einer Personenkarte, so zeigt er für diese Person an, dass man in seinem Leben ruht und trotzdem Veränderungen nicht abgeneigt ist, man fügt sich in den Fluss des Lebens ein.

Mit negativen Karten werden hier die Bereiche angezeigt, innerhalb welcher man sich selbst blockiert und festhält, da man nötige Veränderungen ablehnt und sich so selbst im Wege steht.

Mit Karten wie z.B. die Sterne, die Sonne oder der Mond, zeigt diese Karte spirituellen oder geistiges Erwachen an. Mit den Fischen kündigt diese Karte Erfolg durch das Ausland oder durch Verbindungen in ein fernes Land an. Mit dem Anker wäre eine Arbeit im Ausland möglich oder aber ein Job, der mit dem Ausland zu tun hat.

Liegt die Sense in unmittelbarer Nähe, so wird vor einen Unfall gewarnt, welcher Art dieser sein wird, zeigen die umliegenden Karten an.

Als Tageskarte:

An diesem Tag könnten sich Möglichkeiten bieten, deinem Leben eine neue Richtung zu geben.

Oder aber sie will dich darauf hinweisen, dass Du

feststeckst und etwas verändern wolltest. Je nach beiliegenden Karten.

Möglich ist auch, dass eine Reise geplant wird, ob und wie diese verlaufen wird, zeigen die Nachbarkarten an.

Sie kann auch einfach nur aussagen, dass man an diesem Tag Kontakte mit ausländischen Menschen haben wird.

Oder aber, dass in eine Angelegenheit nun endlich Schwung kommt oder neue Ideen.

Aber auch der Beginn einer Veränderung kann angezeigt sein. Was genau es betrifft und ob positiv oder negativ entscheiden die beiliegenden Karten.

Als Personenkarte:

Die Karte kann einen weltoffenen und geselligen Menschen anzeigen oder mit negativen Karten einen Menschen, der sehr verschlossen und vielleicht auch stur sein kann.

Je nach beiliegenden Karten handelt es sich um einen für Neues offenen Menschen oder um jemanden sehr konservatives, der Neuerungen und Veränderungen verschlossen bleibt.

Jedoch kann es auch eine ausländische Person anzeigen, oder jemanden, der viel mit dem Ausland in Verbindung ist.

Aber auch einen sportlichen, schlanken Menschen. Oder jemanden, der in sich ruht und viel Gelassenheit ausstrahlt, oder aber das Gegenteil, jemanden der viel in Bewegung ist und selten zur Ruhe kommt. Hier geben die umliegenden Karten nähere Auskunft.

18. Der Hund

Kurzbedeutungen

Positiv:

Ältere Person, Freund, Lehrer, Chef, Arzt, Amtsperson, Treue, Stärke, Alter, Weisheit des Alters, Hilfsbereitschaft, Führungsqualitäten, seiner Intuition vertrauen, Freundschaft, beschützende Haltung, verteidigen, was einem wichtig ist, Schutz bieten, Lernfähigkeit, Bereitschaft auch von anderen zu lernen, Sinnfragen, Beständigkeit,

Negativ:

Angriffslustig, Untreue, Scheinheiligkeit, Sturheit, die innere Stimme missachten, Treue aus Eigennutz, seine eigenen Interessen in den Vordergrund stellen, Laster, Schwäche, Schwächen nicht zugeben wollen, Vollstrecker,

Unruhe, seinen Platz im Leben nicht finden.

Allgemeine Bedeutung:

Im Grunde die Karte für Weisheit und Lebenserfahrungen. Je nach umliegenden Karten sagt sie aus, diese Qualitäten gelebt werden und ob diese positiv sind.

Auch ist es die Karte, die wenn diese bei einer Personenkarte liegt, anzeigt, dass man nun nach dem Sinn des Lebens sucht, nach etwas, auf dem man für die Zukunft aufbauen kann. Beständigkeit wird wichtig.

Bei Fragen nach deinem Verhältnis zu deinem Chef oder nächsten Vorgesetzten schaust Du dir diese Karte an.

Je nachdem ob hier positive oder negative Karten liegen, kannst Du aussagen, wie das Verhältnis zwischen dir und deinen Vorgesetzten ist oder wird.

Liegen allerdings negative Karten und eine Personenkarte dabei, so hat diese Person Ihren Platz im Leben noch nicht gefunden.

Auch kann dir diese Karte zeigen, dass Freunde oder ältere Menschen in deiner Umgebung, sehr gute Ratgeber oder sogar Lehrer für dich sein können.

Mit der Schlange oder dem Fuchs kann Untreue oder ein Ausnutzen von Freundschaften angezeigt sein.

Mit den Mäusen kann hier eine altersbedingte Krankheit angezeigt werden.

Als Tageskarte:

Es könnten Entscheidungen anstehen, welche den Rat einer erfahrenen Person benötigen könnten. Oder eine ältere Person ist aus anderen Gründen wichtig oder braucht Hilfe.

Mit dem Kind dabei könntest Du jemanden Neues kennenlernen, die beiliegenden Karten sagen mehr darüber aus.

Ein Freund kann nun wichtig sein, um was es geht, sagen die anderen Karten aus.

Oder mit Krankheitskarten könnte ein Arztbesuch anstehen. Für wenn diese Aussage zutrifft, zeigen die umliegenden oder nachgezogenen Karten.

Mit Arbeitskarten will sie dir etwas über einen Vorgesetzten mitteilen.

Liegen die Sterne dabei, so ist dies wahrscheinlich ein Tag, an welchem man sich Gedanken über die Zukunft macht.

Mit dem Fuchs wirst Du an diesem Tag vor der List oder der Schlauheit anderer gewarnt.

Als Personenkarte:

Dies ist die Karte für einen älteren Menschen, aber auch für Freunde. Auch den Ex-Partner kann sie darstellen.

Ansonsten zeigt sie eine wahrscheinlich ältere oder eine weise Person an. Auch einen treuen Menschen, der tiefe Werte lebt, kann angezeigt sein, sofern keine negativen Karten in unmittelbarer Nähe liegen.

In Verbindung mit dem Turm wir eine Behördenperson dargestellt oder ein Bote, welcher amtliche Nachrichten bringt.

Mit den Sternen zeigt es eine weise und spirituelle Person

voller Lebensweisheit.

Liegt allerdings die Schlange, der Fuchs, oder ähnliche Karten dabei, zeigt es eine Person, welche Qualitäten vorspielt, die sie nicht besitzt.

Mit einer Geldkarte und dem Turm, kann hier ein Gerichtsvollzieher, das Finanzamt u.Ä. angezeigt sein.

19. Der Turm

Kurzbedeutungen

Positiv:

Wandlung, Wiederaufbau, Heilung nach Zusammenbruch, altes längst Überholtes aufgeben, Karma, neue Klarheit, Reinigung, Behörde, Krankenhaus, offizielle Person oder Angelegenheit, positive Ahnenverbindung, Erbe, urteilen ohne zu bewerten, Polizei, Gericht, Banken, alle behördlichen Stellen, Autoritäten.

Negativ:

Zerstörung, Zusammenbruch, Destruktivität, Alpträume, Wut, Gefängnis, gefangen sein, Ruin, alte negative Kräfte, negative Ahnenlinie weiterführen, abwertend reagieren, Verurteilung, negatives Urteil, Pfändungen, Probleme im Umgang mit Autoritäten.

Allgemeine Bedeutung:

Dramatische und/oder plötzliche Wandelungen und Veränderungen stehen an.

Es werden alte Strukturen aufgebrochen, um neuem Raum zu schaffen. Dies kann zu Beginn sehr schmerzhaft oder traumatisch sein, wird sich aber im Laufe der Zeit als positiv erweisen, wenn man den Mut findet, Neues anzugehen und aufzubauen.

Auch eine der zwei karmischen Karten im normalen Deck.

Der Turm zeigt einen uralten Ursprung dessen an, wo er im Kartenbild liegt. Wo diese Karte auftaucht, kann man sehen, wo beim Fragesteller die unbewussten Ängste und karmischen Aufgaben warten und gelöst werden wollen, oder, je nach Begleitkarten, positives Karma versprechen.

Wo diese Karte auftaucht, wartet entweder Verlust oder aber eine Prüfung. Nur mit positiven Karten zeigt der Turm Erfolg an.

Geht es zum Beispiel um eine Gerichtsverhandlung (mit dem Hund) zeigen die umliegenden Karten ob Erfolg oder Misserfolg das Urteil ist. Mit finanziellen Karten droht ein großer Geldverlust. Mit Arbeitskarten steht die Anstellung auf der Kippe, oder es geschieht etwas im Beruf, dass einem zum Umdenken zwingt.

Als Tageskarte:

An diesem Tag könnten Nachrichten von Behörden, Ämtern, Banken anstehen. Wie diese ausfallen, zeigen die anderen Karten an.

Liegen die Wolken, der Sarg, die Sense oder ähnliche

Karten in direkter Nähe, dann könnte dies einer von den Tagen werden, an dem nichts gelingt. Am besten bleibt man so weit als möglich Zuhause, ansonsten sollte man sich aus den Belangen anderer Menschen fernhalten.

Liegen allerdings Karten wie die Sonne, die Sterne, der Klee usw. in direkter Nähe, dann kann man damit rechnen, dass an besagtem Tag, hauptsächlich positive Nachrichten und Mitteilungen, von oben genannten Stellen, kommen. Man vermehrt auf positive Menschen trifft, die einem weiterhelfen können, oder aber, sich plötzliche Gewinnchancen auftun.

Jedoch kann diese Karte auf Tage ankündigen, die durch irgendwelche Ereignisse, diese können auch sehr klein sein, dein Leben nachhaltig beeinflussen und verändern können.

Als Personenkarte:

Hier wird entweder ein Mensch gezeigt, mit dem man karmisch verbunden ist oder den uns das Schicksal schickt.

Als Charakterkarte zeigt es, wenn positive Karten dabei liegen, einen Menschen der sehr ehrlich und gerecht ist. Allerdings zeigt es mit den Wolken, den Ruten etc. doch einen sehr selbstgerechten, kritisierenden und/oder nörgelnden Menschen an.

Mit der Sense jemanden, der seine eigene Meinung auch einmal bis aufs Äußerste untermauern möchte.

Mit negativen Karten dabei sollte man genauer analysieren. Hier kann von einem selbstgerechten und zänkischen Menschen bis hin zu einem Betrüger oder gar gefährlichen (mit Sarg oder Sense etc.) Menschen, gewarnt werden.

Das Aussehen betreffend, zeigt diese Karte der Turm bei einer Personenkarte, einen eher schlanken, knochigen und größer gewachsenen Menschen an.

Aber auch eine Behördenperson kann hier angezeigt werden.

Mit dem Hund z.B. ein Richter, Anwalt oder andere Rechtsperson. Mit dem Kind ist wohl das Jugendamt angezeigt oder eine Schule.

Mit der Sense zeigt es eine Person, die auf negative Weise mit Behörden zu tun hat. Hier müssen weitere Karten Auskunft geben.

20. Der Park

Kurzbedeutungen

Positiv:

Hilfsbereit, lebenslustig, Frohsinn, Geselligkeit, Party, Feste, Einladungen, Öffentlichkeit, Wahrheit, Universelles, Gruppen, Emotionen im Zusammenhang mit anderen Menschen, Öffentlichkeitsarbeit, Ehrenämter, soziale Projekte, Festivals, Konzerte, allgemeine Strömungen, anpassungsfähig, Überbringer wichtiger Informationen.

Negativ:

Egoistisch, depressiv, die Öffentlichkeit meiden, Einzelgängertum, ungute Gefühle Menschenmengen oder Gruppen betreffend, anderen Menschen sind einem gleichgültig, Rückzug aus dem sozialen Leben, ablehnend fremden gegenüber, Eremit, Missionar lästiger Natur.

Allgemeine Bedeutung:

Die Karte der Park ist etwas zwiespältig. Zum einen zeigt sie alles, was das Vergnügen, das öffentliche oder auch den Kontakt zur Außenwelt betrifft.

Sie zeigt uns, wie wir mit den Mitmenschen agieren, was oder wen wir darstellen wollen und wie wir mit unseren Ressourcen umgehen.

Jedoch kann sie auch aussagen, dass man eher die Stille sucht, dem Tumult, Feiern und dergleichen gerne aus dem Weg geht.

Hier kommt es ganz darauf an, welche Karten im Umfeld liegen.

Die Sonne zum Beispiel, kann aussagen, dass man das Rampenlicht sucht, den Mittelpunkt. Mit den Ruten noch dazu kann hier ein Besserwisser und Missionar bezeichnet werden.

Mit Arbeitskarten wir dein Beruf beschrieben, der mit Öffentlichkeit oder mit vielen Menschen zu tun hat.

Mit dem Mond eher in die künstlerische Richtung, mit den Sternen in die spirituelle usw.

Liegen der Baum, der Mond und die Personenkarte dabei, kann man sagen, dass hier ein Mensch ist, der es vorzieht, in der Stille und der Natur zu leben oder zu regenerieren.

Aber auch die universelle Sehnsucht, sofern hier noch die Sterne und das Buch in Gesellschaft liegen. Mit dem Turm und dem Anker dazu, könnte hier ein Mensch gezeigt werden, der auf einer Mission unterwegs ist, welche ihm wichtiger ist als alles andere.

Als Tageskarte:

An diesem Tag könnte viel Hektik auftauchen. Eine überraschende Einladung zum Beispiel. Oder man findet sich plötzlich in einer Menschenmenge wieder, einem Fest, Konzert, oder Ähnlichem.

Hier müssten die Begleitkarten anzeigen, welcher Art, das Ereignis ist und wie es abläuft.

Jedoch kann es auch sein, dass man an diesem Tag genau das Gegenteil sucht und sich an einem eher stillen Platz in der freien Natur begibt.

Mit negativen Karten sollte man sich darauf einrichten, dass an diesem Tag einiges schief gehen kann. Oder aber, dass man einfach nur grübelnd in den eigenen vier Wänden sitzt, anstatt hinauszugehen und Abwechslung zu suchen.

Als Personenkarte:

Ein sehr geselliger Mensch wird hier meist beschrieben, der gerne redet, agiert und aktiv ist.

Auch ein sportlich aktiver Mensch, mit Karten wie den Wegen und den Störchen, kann hier dargestellt werden, jedoch auch mit dem Baum, dem Mond ein eher introvertierter Typ, der eher die Einsamkeit sucht.

Es kommt ganz auf die Begleitkarten an.

Mit den Wolken und den Ruten, kann man einen Menschen beschreiben, der sich selbst gerne reden hört, aber meist nicht mehr als heiße Luft fabriziert.

Mit der Sonne und den Ruten wiederum könnte es sich um

einen Menschen handeln, der mit Worten wertvolles Übermitteln kann.

Liegt der Baum, der Bär, der Hund und Ähnliche arten in der Nähe, so ist es ein Mensch, der eher den kleinen Kreis von Freunden sucht. Er braucht keine große Gefolgschaft, wie zum Beispiel der Mensch mit Sonne und Ruten.

Mit den Ruten und dem Fuchs sollte man achtsam sein, dieser Mensch versuchen einem eisern seine eigene Meinung aufzuzwingen, und hier können auch Lügen im Spiel sein. Eine so angezeigte Person ist also eher mit Vorsicht zu genießen.

Liegen das Kreuz und die Sterne, sowie die Ruten mit in der Kombination, dann könnte es sich um jemanden handeln, der gerne missioniert und ständig versucht, andere von seiner eigenen Wahrheit zu überzeugen, egal ob diese für andere stimmig ist oder nicht.

21. Der Berg

Kurzbedeutungen

Positiv:

Weiterkommen durch eigene Kraft, erzwungene Ruhe, Probleme, Standfestigkeit, Grenzen, an Herausforderungen wachsen, Mut, Ruhephase, Zeit der Genesung, kluges angehen von Problemen und Findung von Lösungen in deren Ruhe, Wohlstand durch eigene Anstrengung, körperliche Arbeit, Staunen, die Kräfte der Natur, Einsamkeit, Erbschaft.

Negativ:

Stillstand, Blockade, toter Punkt, vor Habsucht mehr anhäufen als benötigt wird, nichts geht mehr, Probleme ignorieren, Herausforderungen übergehen, Feigheit, Krankheiten ignorieren, Anstrengungen vermeiden und lieber von anderen empfangen, die Hilfe anderer ausnutzen, Schwierigkeiten, Angst vor dem Unbekannten,

Einsamkeit die als Last empfunden wird, Wankelmut.

Allgemeine Bedeutung:

Die Hindernisse, die hier angezeigt werden, sind zu bewältigen. Man kann beseitigen oder überstehen, indem man sich einsetzt. Der Berg fordert mit seinem Blockieren dazu heraus, selbst etwas zu tun, sich selbst anzustrengen und über sich hinauszuwachsen.

Der Berg zeigt dir, es ist Zeit zu rasten Kräfte zu sammeln und dann voller Energie loszugehen und was auch immer im Weg steht, mit Klugheit und persönlichem Einsatz zu überwinden.

Diese Karte zeigt Dir neue Gelegenheiten, indem sie dich zuerst einmal zum Stillstand zwingt.

Vielleicht solltest Du dir die Probleme, welche diese Karte symbolisiert so anschauen wie einen großen Berg. Du stehst vor ihm, musst rasten, um einen Plan zu entwerfen, wie Du ihn bezwingen kannst. Derweil bestaunst Du ihn ehrfürchtig wegen seiner Größe und Macht, die er so still ausübt.

In der Zeit des Staunens und Planens hast Du Zeit zu regenerieren, neue Kraft zu tanken und dann diesen Berg zu erklimmen und deine Probleme offen anzugehen um an ihrer Bewältigung zu wachsen.

Dies ist auch die Karte der angehäuften Erfahrungen, des eigenen Erfahrungsschatzes. Mit positiven Karten kann man auf einen reichen Fundus an Erfahrungen und Ideen zurückgreifen oder aber weitere ansammeln.

Bei negativen Beikarten geht man jeglicher Verantwortung

aus dem Weg und vermeidet so Erfahrungen zum Wachstum zu erleben. Vogel-Strauß-Politik ist hier das übliche Vorgehen.

Als Tageskarte:

Dieser Tag wird entweder sehr ereignisreich, da Du Probleme oder Hindernisse angehen und bezwingen musst, oder aber er wird eher ereignislos, da Du, aus welchen Gründen auch immer zu einer Art Stillstand (Ruhephase) gezwungen wirst.

So oder so, wirst Du bald erkennen, dass egal welche Energie es war, Du daran wachsen durftest oder dich erholen um deine nächste Aufgabe anzugehen.

Der Berg zeigt Probleme an, die mit viel Geduld, Planung oder körperlichem Einsatz geregelt werden können. Oder er zeigt dir Herausforderungen an, welche Du nicht zwangsläufig sofort annehmen musst, sondern dich zuvor ausruhen kannst um die nötigen Kräfte zu sammeln, die Du zu deren Bewältigung benötigst. Daher zeigt der Berg auch meist nie nur die Energie für einen Tag (Tageskarte) an, sondern läutet eher eine Phase von einigen Tagen bis Wochen ein.

Mit den Mäusen dabei, kann dir die Karte aber auch zeigen wollen, dass Du dich nicht von anderen beeinflussen lassen, sondern bei deiner Meinung bleiben sollst.

Als Personenkarte:

Hier kann entweder eine sehr kräftige und kampferprobte (an Herausforderungen gewachsene) Person angezeigt werden. Oder eine Person, welche Probleme gerne aussitzt oder wartet, bis andere diese für sie lösen.

Die Karte ist so verschieden wie die Vorder- und die Rückseite eines Berges.

Sie kann einen Menschen zeigen, mit Karten wie zum Beispiel, die Sonne, die Ruten, der Bär usw., der sich ein Problem anschaut, die Ärmel hochkrempelt und loslegt. Aber sie kann auch einen Menschen anzeigen, mit Karten wie den Wolken, dem Fuchs, der sich umdreht und den leichteren Weg sucht. Allerdings kann es mit den Mäusen oder den Ruten auch zeigen, dass sich dieser Mensch zu leicht von anderen beeinflussen lässt und im Grunde keine eigene Meinung hat.

22. Die Wege

Kurzbedeutungen

Positiv:

Neue Möglichkeiten und Chancen ergeben sich, die Route wird geändert, neue Wege, eine Reise mit Umwegen, neue Vorhaben, die Aussicht auf Erfolg haben, etwas Neues aufbauen, neue Zielsetzung, neue Stellung oder neuer beruflicher Bereich, der einem viel Spielraum lässt um zu agieren, Anfängerglück, auch, neues Wissen neue Lernmöglichkeiten, eine Ausbildung, Abenteuerlust.

Negativ:

Entscheidungsschwäche, falsche Entscheidung, sich zu viele Möglichkeiten offenhalten wollen, den falschen Weg wählen, gute Möglichkeit vergehen lassen aus Angst sich falsch zu entscheiden, Umwege, Lehrgeld zahlen, weil man altbewährtes ignoriert, auch Nativität, leichtsinnig Neuem den Vorzug geben.

Allgemeine Bedeutung:

Diese Karte zeigt dir, dass Du verschiedene Wahlmöglichkeiten haben wirst. Liegen positive Karten anbei, so wirst Du dich richtig entscheiden, liegen eher negative Karten im Umfeld, so wirst Du dich wohl eher in die ungünstigere Richtung entscheiden.

Die umliegenden Karten werden Dir nicht aussagen, wie Du entscheiden sollst, sondern sie zeigen nur, ob deine Wahl richtig oder falsch sein wird. Man kann hier die Aussage nicht manipulieren dahingehend, dass man dann den Impuls der ersten Entscheidung umwirft und die andere Wahl nimmt. Sehr wahrscheinlich ist dann diese die Falsche.

Als Tageskarte:

An diesem Tag könnte es zu einer Entscheidung kommen, welche man schon länger vor sich herschiebt. Oder aber, dass Leben nimmt die nun die Entscheidung aus der Hand und stellt die vor vollendete Tatsachen, die sich nicht mehr ändern lassen.

Aber auch, gute Möglichkeiten erscheinen an diesem Tag, die eine schnelle Entscheidung fordern, bevor Sie vorbeiziehen.

Allerdings je nachdem, welche Karten anbei liegen, kann sie auch sagen, dass Du heute draußen unterwegs bist. Oder du musst heute einen bestimmten Weg zurücklegen, um etwas zu bekommen oder zu erreichen.

Liegen negative Karten dabei wie z.B. die Mäuse, so warnt die Karte die Wege davor, unterwegs etwas verlieren zu können. Liegt die Sense in unmittelbarer Umgebung, so kann dies auf einen Unfall oder eine Verletzung im Straßenverkehr hinweisen. Dazu aber immer die beiliegenden Karten beachten.

Als Personenkarte:

Junger Mensch, dunklerer Typ, der Schwierigkeiten hat, die richtige Wahl zu treffen. Auch, Mensch, der sich nicht gerne oder oft falsch entscheidet.

Auch ein unentschlossener wankelmütiger Mensch, der getroffene Entscheidungen gerne wieder aufhebt. Jedoch kann diese Karte auch eine Person anzeigen, die positive Möglichkeiten verschleiert um dich zu den weniger guten Möglichkeiten zu führen.

Die Karte kann aber auch einen Menschen darstellen, der zwei Leben führt, ein offizielles und ein Verborgenes.

Im beruflichen Bereich jedoch kann diese Karte einen Menschen symbolisieren, der neue Chancen bringt, neue Möglichkeiten und vielleicht eine neue Richtung.

23. Die Mäuse

Kurzbedeutungen

Positiv:

Sich von Ballast befreien, sich von Unnötigem trennen, auch in schwierigen Situationen Haltung zeigen, Ausmisten, auch im Gefühlsbereich, sich nicht zwischen die Stühle setzen, vorbehaltlos zu etwas zu stehen und dann nicht zu schwanken, etwas geht verloren um etwas Neuem Platz zu schaffen. Gaunerei rechtzeitig erkennen.

Negativ:

Halbherzigkeit, Verluste, etwas Verlieren, wegen Unachtsamkeit Schaden erleiden oder anderen zufügen, negative Gedenken, Gesundheit missachten, schlechte Ernährung, Mangel, Erkaltung der Gefühle, sich nicht lösen wollen, Diebstahl.

Allgemeine Bedeutung:

Diese Karte zeigt dir die Lebensbereiche an, in denen Du ausmisten und aufräumen darfst.

Da wo die Mäuse auftauchen wirst Du mindestens einen Bereich finden, in dem Du ausmisten und Frühjahrsputz betreiben darfst. Die Karte zeigt Dir in welchen Lebensbereichen man sich vielleicht selbst blockiert, weil man zu viel Altes angehäuft und/oder gesammelt hat.

Was kann weg in deinem Leben?

Die Mäuse zeigen es dir genau. Dementsprechend kann dies auch eine sehr gute Karte sein, da sie dir ja im Grunde zeigt, wie Du Freiraum für kommendes Gutes schaffen kannst.

Aber, bei Fragen wie soll ich dieses oder jenes Tun zeigen die Mäuse in direkter Verbindung deutlich an, dass ein Verlust oder anderes Unbill droht, wenn Du keinen andren Weg findest.

Auch zeigen dir die Mäuse an, sofern eine Personenkarte direkt anbei liegt, oder aber die Ruten, die Schlange oder der Baum, dass die Gesundheit durch falsche Ernährung bedroht ist. Aber die Mäuse zeigen eben auch Krankheiten an. Siehe im Kapitel „Krankheiten in den Karten“.

Im Grunde zeigen die Mäuse die Themen in deinem Leben an, bei denen etwas in den Verlust geht.

Das Positive hieran ist, da wo etwas geht, kann etwas Neues Platz finden oder entstehen.

Bei Beziehungen sagen dir die Mäuse auch, dass ein zwischenmenschlicher Verlust ansteht, aber manchmal ist dies auch nötig um für den passenden Partner offen zu werden.

Im Gefühlsbereich können die Mäuse dich vielleicht auch darauf aufmerksam machen, dass Du aufgrund schlechter Erfahrungen alles Neue in deinem Leben ablehnst und Du so einiges an schönen Erlebnissen und Gefühlen verlierst, da Du selbst Ihnen ja den Einzug in dein Leben verweigerst.

Auch Verluste durch eigene Ängste oder eben Gewinne durch das Besiegen deiner Ängste.

Sich selbst nicht verwirklichen, weil man glaubt jemandem anderen dadurch etwas wegzunehmen.

Als Tageskarte:

Möglich, dass Du an diesem Tag gesundheitlich angeschlagen bist. Appetitlos bist, oder aber zu viel Essen zu Dir nimmst. Die Karte kann auch vor verdorbenen Dingen warnen, vor Viren und davor, dass etwas Ansteckendes umgeht.

Auch können die Mäuse für diesen Tag die Tendenz zu einem Verlust ankündigen.

Im positiven Sinne fordern dich die Mäuse dazu auf, irgendwo in deinem Umfeld aufzuräumen, auszusortieren und Ordnung zu schaffen.

Aber es ist auch möglich, wenn Karten wie die Sonne, die Sterne, oder der Klee dabei liegen, dass Du an diesem Tag etwas Verloren geglaubtes wiederfindest.

Des Weiteren warnt dich die Karte, sofern Personenkarten dabei liegen, vor anderen Menschen aber auch Tieren oder Situationen und dass Dir eben dadurch Verlust droht. Näheres sollten extra gezogene Karten aussagen.

Als Personenkarte:

Ein Mensch, der sich ungern festlegt. Aber auch eine Person, die gerne jammert, wie schlecht es ihr geht, die nur Negatives aber kein positives Erlebnis sehen mag.

Auch Dieb, Gauner, jemand der dir Verlust bringt. Auch eine kränkliche Person.

Oder jemand dem man seine Ernährungsfehler ansieht. Ein Mensch, der wenig begeisterungsfähig und eher unentschlossen ist. Aber auch jemand, der zuschaut, wie gute Chancen davonziehen und nichts dagegen tut. Also jemand der gerne ABER sagt. Ich würde gerne ABER ... Ich träume von ABER ... Ich könnte ABER ...

24. Das Herz

Kurzbedeutungen

Positiv:

Verliebtsein, Liebe, Romantik, Unberührtheit, Jugend, Liebelei, gute Chancen, neue Pläne und Projekte, liebenswert, Neubeginn, positiver Charakter, hilfsbereit, Berufung, Heimatgefühle, innere Weisheit,

Negativ:

Untreue, keine Gegenliebe, die Realität nicht beachten, wie ein Schmetterling von Blüte zu Blüte flattern, Zuneigung mit Liebe verwechseln, Gefühle erzwingen, dem Liebes-Schicksal trotzen wollen, zu verhärtet, um zu lieben, sich Gefühlen verschließen.

Allgemeine Bedeutung:

Diese Karte zeigt dir gute Gelegenheiten an, oder die Möglichkeit zu wertvollen Erfahrungen im Bereich des eigenen Charakters und Fühlens zu gelangen.

Auch steht sie für sinnliche und romantische Erlebnissen, die je nach Begleitkarten auch in eine Partnerschaft führen können.

Schau genau die umliegenden Karten an, ob hier die Aufforderung liegt, mutig zu sein und einen Schritt auf das Gegenüber zuzugehen, oder ob eher zur Achtsamkeit und Geduld geraten wird, um mit der Zeit zu erkennen, wie das Gegenüber wirklich ist.

Im ersten Verliebtsein tragen wir fast alle eine rosarote Brille und neigen dazu, erste Anzeichen von Differenzen sowie einem unpassenden Charakter oder Ähnlichem einfach zu übersehen.

In Lebensbereichen, die nicht unmittelbar mit Liebe zu tun haben, zeigt diese Karte einen neuen Plan oder ein neues Projekt an, bei dem man recht bald Unterstützung findet.

Mit negativen Karten allerdings zeigt sie an, dass man ein geplantes Projekt nochmals überdenken oder verändern sollte, da man so keine Unterstützer finden wird.

Beruflich sind neue Projekte und Ideen angesagt, wie diese verlaufen und wie deren Chancen sind, müssen die umliegenden Karten zeigen.

Liegen Karten dabei, die eine Vorgesetzte oder höher gestellte Person anzeigen, so zeigt dies, dass man in der Arbeit sehr zufrieden mit deiner Leistung ist.

Jedoch kann hier auch eine Liebelei innerhalb des beruflichen Bereichs gezeigt werden, sofern der Anker oder andere Berufskarten anbei liegen.

Im Allgemeinen Leben zeigt dir das Herz, dass Du auf dem für dich richtigen Weg bist, sofern vorwiegend positive Karten dabei liegen. Bei negativen Karten solltest Du dein Leben überdenken, ob Du noch nach deinem Gefühl lebst.

Die Karte kann dir aber auch, mit Begleitkarten wie dem Berg, den Wolken zeigen wollen, dass Du dich zu sehr den Gefühlen verschließt, die in dir leben oder dir entgegengebracht werden. Mit den Ruten und der Sense wiederum, dass Du Gefühle erzwingen willst, wo keine sind usw.

Als Tageskarte:

Ein Tag, an dem Du vielleicht flirten kannst, oder aber an dem gefühlsmäßig nichts passiert oder Du von jemandem anderen abgeblockt oder aber willkommen geheißen wirst. Hier gilt es andere Karten nachzuziehen oder die umliegenden einzubeziehen.

Liegen negative oder spannungsreiche Karten dabei, sollte an diesem Tag, im zwischenmenschlichen Bereich, keine neuen Verbindungen gesucht werden.

Möglich ist auch, dass an diesem Tag eine neue Liebe in dein Leben tritt, oder je nach beiliegenden Karten, dass Du eine Abfuhr erhältst.

Auf alle Fälle wird es emotional ein ereignisreicher Tag werden.

Vielleicht aber zeigt dir diese Karte, mit Begleitkarten wie dem Park, dem Baum, dass Du dir einfach einmal nur Zeit für dich und deine Gefühle nehmen solltest, wenn z.B. der Mond in der Nähe ist, wird hier auch eine meditative Stimmung angezeigt.

Als Personenkarte:

Hier sollte unbedingt auf die Begleitkarten geachtet werden, um keine Enttäuschung zu erleben.

Es kann ein sehr liebevoller Mensch angezeigt werden, der sehr zuvorkommen, hilfsbereit oder anderweitig offen für andere Menschen ist. Es kann aber auch eine Person gezeigt werden, welche diese Attribute vorspielt um besser anzukommen, um damit etwas zu erreichen.

Mit positiven Karten wird dir hier eine Person gezeigt, die sehr harmonische Charaktermerkmale besitzt und sehr gerne anderen hilft.

Mit negativen Karten kann es eine Person ankündigen welche kühl, distanziert, abweisend ist, oder aber jemand der mit den Gefühlen anderer spielt.

Jedoch kann diese Karte auch eine neue Liebe ankündigen.

25. Der Ring

Kurzbedeutungen

Positiv:

Partnerschaft, Liebe, Ehe, Idylle, Einheit, Treue, alles Bindende, Arbeitsvertrag, Verträge allgemein, Wunscherfüllung, Reichtum, Erfolg, frei von emotionalen Verhaftungen, Einklang, tiefe beglückende Verbindung jeglicher Art, echte Gefühle, guter Kontakt zu nahestehenden Menschen, Verbundenheit, Dankbarkeit allem Leben gegenüber.

Negativ:

Trennung, Einzelgänger, ablehnen von Beziehungen, das eigene Glück von Beziehung abhängig machen, Bindung ablehnen, Eifersucht, geheucheltes Interesse, Beziehung wird als zwingend angesehen oder absolut abgelehnt, lehnt enge Bindungen eher ab, flüchtet vor Verbindlichkeiten, Verschlossenheit.

Allgemeine Bedeutung:

Der Ring spricht für sich eine starke Symbolsprache und muss im Grunde nicht so tiefgehend erläutert werden.

Mit positiven Begleitkarten zeigt der Ring an, dass man im Falle des Singlelebens frei ist von jeglichen emotionalen Verhaftungen und somit bereit ist für eine gute Beziehung.

Prinzipiell steht der Ring für alles Bindende und Vertragliche. Im Gefühlsbereich zeigt der Ring zumeist natürlich eine Partnerschaft oder den Wunsch danach an. Wie und ob eine solche kommt, müssen die umliegenden Karten erzählen.

Beruflich und/oder finanziell wird hier eine vertragliche Angelegenheit gezeigt, auch hier gilt, in welchem Ausmaß dies sein wird zeigen die Nachbarkarten an.

Mit spannungsreichen Karten jedoch warnt der Ring dafür, sich selbst und den anderen zu prüfen, aus welchen Gründen eine Beziehung gewünscht ist. Hier könnte viel emotionale Verstrickung gegeben sein.

Liegt die Karte bei zwei Personenkarten, so weist sie hier auf eine bestehende oder kommenden Beziehung hin.

Liegen jedoch Karten wie die Sense, die Ruten oder die Berge etc. in unmittelbarer Nähe, so wird hier eine Trennung angezeigt oder es ergibt sich die Auskunft, dass die gewünschte Beziehung nicht geschlossen wird.

Beruflich weist diese Karte auf ein sehr positives Umfeld und eine gute Beziehung zu den Kollegen hin. Ein gutes Team jeglicher Art wird hier angezeigt, aber auch auf eine dauerhafte und positive Anstellung.

Die Karte kann darauf hinweisen, dass die Person welche ihr am nächsten liegt, sich mehr den Mitmenschen öffnen sollte und vielleicht Einheit und Geborgenheit zulassen sollte um ein positiveres Lebensgefühl zu erreichen.

Diese Karte mag aber auch in Zeiten der Unzufriedenheit darauf hinweisen, dass man Menschen zur Seite hat, die bereit sind einem zu stützen und zu helfen. Andererseits kann Sie auch anzeigen, dass man selbst anderen ein solcher Mensch sein kann.

Als Tageskarte:

An diesem Tag haben Partnerschaften, Verträge oder andere Verbindlichkeiten Vorrang.

Was genau hier gezeigt werden soll, müssen die beiliegenden Karten anzeigen.

Mit Karten wie der Sense, dem Sarg etc., wird das Ende von etwas Bindendem angezeigt.

Mit dem Anker geht es z.B. um den Beruf, mit den Fischen um Geld und/oder berufliches, mit dem Herzen um eine Liebesangelegenheit usw.

Möglich wäre, dass an diesem Tag die lang ersehnte Nachricht eine Bewerbung betreffend kommt, oder man kommt einem geliebten Menschen einen Schritt näher. Aber Vorsicht, mit spannungsreichen Karten bedeutet es natürlich nichts Gutes.

Als Personenkarte:

Hier wird einfach eine Person dargestellt, welche gebunden ist, oder mit den Gedanken an etwas Bindendes auf einem zukommt.

Jedoch wenn eine Personenkarte dabei liegt, kann auch der Besuch einer entsprechenden Person angekündigt werden, welche Probleme wegen etwas Bindenden oder Vertraglichem hat, oder einem selbst solche Probleme beschert.

26. Das Buch

Kurzbedeutungen

Positiv:

Wissen, Klugheit, Lernen, Erinnerungen sammeln, Verschwiegenheit, Bücher, Tagebuch, Lesen, Weiterbildung, neue Projekte und/oder Pläne, etwas geheim halten, verborgene Talente, Lebensgeschichte, Familiendynamik, neues Kapitel beginnen, Verträge sichern, verborgenes Wissen, das Geheimnisvolle.

Negativ:

Unwissenheit, nicht wissen wollen, falsche Informationen beachten, Redseligkeit, alles ausplaudern, bewusst Wichtiges verschweigen, Unlust Neues zu lernen, mit Geheimnissen Druck ausüben, Erpressung, die Schwächen anderer ausnutzen.

Allgemeine Bedeutung:

Das Buch wird meist geschlossen dargestellt. Es zeigt also auch an, was die Person bei der es liegt, in sich verschlossen hast.

Das Buch zeigt Geheimnisse und Verborgenes. Meist sollte diese Karte auch in der Form gedeutet werden, dass man nicht alles wissen muss oder nicht alles was man im Bild sieht, hier speziell alles was um das Buch herumliegt, preisgeben soll/muss.

Das Buch sagt manchmal aus, dass es einfach nichts zu sagen gibt.

Liegt die Karte der Berg direkt dabei, so möchten Geheimnisse auch geheim bleiben und die Karte wird dir nicht wirklich etwas erzählen können.

Das Buch ist aber auch eine Karte, welche ein bestimmtes Talent anzeigt. In direkter Verbindung mit den Ruten fordert die Karte, die Person welche bei der Kombination liegt auf, mehr zu Schreiben. Liegt auch noch der Brief in Verbindung, inklusive der Ruten, so sollte die betreffende Person nachforschen, ob sie nicht schreiben möchtest. Kommt hierzu auch noch der Mond, so sollte die Person, bei welcher diese Kombi liegt definitiv mit dem Schreiben beginnen.

So zeigt diese Karte aber auch an, dass verborgenes Wissen in einem selbst entdeckt und ans Licht geholt werden will.

Bei beruflichen Fragen zum Beispiel könnte die Karte dir sagen wollen, dass Du noch nicht wirklich deine Berufung gefunden hast.

Aber Vorsicht, liegen der Fuchs, die Schlange, die Vögel dabei, so wird man gewarnt vor der Missgunst und den Intrigen anderer, die neidisch auf das eigene Können sind.

Diese Karte kann auch sehr negative Seiten haben, in Verbindung mit der Sense zum Beispiel kann sie anzeigen, wo wir verletzbar und/oder erpressbar sind.

Als Tageskarte:

Liegen nur harmonische Karten dabei, so gibt es für diesen Tag nicht viel zu sagen, außer, man kann abschalten, ausruhen, hat wahrscheinlich die Gelegenheit, sich ein gutes Buch zu gönnen und einfach einmal nichts zu tun.

Mit kreativen Karten, wie zum Beispiel Sonne, Ruten, Park und Ähnliche könnte an diesem Tag Zeit sein, ein Hobby zu pflegen.

Ist der Brief involviert, so kann an diesem Tag eine wirklich wichtige Nachricht auf dich zukommen, ein Vertrag, eine Einladung etc.

Mit spannungsreichen Karten, kann dich das Buch auch warnen, nicht zu freizügig mit deinem Wissen zu sein. Auch sollte man nicht zu viel Persönliches preisgeben.

Als Personenkarte:

Hier triffst Du entweder auf einen sehr schweigsamen Menschen oder auf einen der zu viel von sich zeigt.

Jemand der kein Geheimnis für ich behalten kann, wenn zum Beispiel die Vögel und/oder dabei liegen oder aber jemanden, der überhaupt nichts offenbart und gerne den Geheimniskrämer darstellt, dies besonders in Begleitung mit dem Berg oder den Wolken. Auch kann die Karte jemanden ankündigen, dem man sprichwörtlich alles aus der Nase ziehen muss um überhaupt an Informationen zu kommen.

Es kann hier aber auch jemand angezeigt werden, der kreatives Talent besitzt. Je nachdem welche Karten dabei liegen, bei den Ruten und dem Brief, wie schon erwähnt, schreiben, bei dem Blumenstrauß eher das ästhetische und malerische, bei der Sonne eher alles was mit Metallen und/oder Handwerk zu tun hat usw.

Mit Karten jedoch, wie der Fuchs, die Schlange und anbei noch Sense oder Wolken, kann vor einem Menschen gewarnt werden, der die Schwächen anderer nutzt um sich Vorteile zu verschaffen.

27. Der Brief

Kurzbedeutungen

Positiv:

Schriftstück, Brief, Paket, positive Nachrichten, Zusagen, Mitteilungen, Neuigkeiten, Einladung, Ticket, Chancen, Versöhnungsanliegen, Vermächtnis, Zertifikat, Ausbildung beendet, Zeugnis,

Negativ:

Schlechte Benotung, Kündigung, negative Nachrichten, Probleme wegen einem Schriftstück, eine Zusendung geht verloren, Absagen, unversöhnlich, Ablehnung einer Einladung, schlechtes Abschneiden in Prüfungen,

Allgemeine Bedeutung:

Der Brief steht natürlich vorrangig für jegliche Art von Schriftstücken und Verträgen.

Hier ist zu unterscheiden, welche Karten dabei liegen um sagen zu können, welcher Natur die Nachrichten oder Schriftstücke sind.

Mit den Mäusen können dies zum Beispiel negative gesundheitliche Nachrichten sein, allerdings sollte hier der Baum oder ähnliche Karten in der unmittelbaren Nähe liegen. Jedoch kann die Kombination aber auch bedeuten, dass ein wichtiges Papier verloren geht und verzweifelt gesucht wird.

Die nächste Bedeutung kommt dem Brief im Bereich der Weiterbildung und des Lernens zu. Wenn der Turm mit dem Buch in der Verbindung liegt, dabei noch die Karte das Kind (für den Schüler allgemein) so geht es deutlich um eine Ausbildung- und/oder Weiterbildung, bei der man eher die Schulbank drückt. Liegen die Ruten dabei, oder der Bär, der Schlüssel oder die Vögel, so handelt es sich eher um eine Ausbildung, in der auch körperlicher Einsatz gefragt ist. Liegen hierbei auch noch die Sterne, oder das Buch, so kann man davon ausgehen, dass diese Ausbildung positiv abgeschlossen wird.

Ein komplett anderes Gebiet wird hier symbolisiert, wenn die Sterne in Kombination mit dem Mond oder der Sonne unmittelbar dabei liegen. Hier kann man von einer eher spirituellen Ausbildung ausgehen, das Mediale wird hier dargestellt.

Liegen der Baum und oder die Störche dabei, so käme eine Ausbildung im heilenden Bereich in Betracht. Mit dem Park ein Beruf, der mit vielen Menschen zu tun hat, mit dem Blumenstrauß eher ein Job in Verbindung mit schönen Dingen, Naturprodukten, Geschenken usw.

Ansonsten stellt der Brief alles dar, was mit Nachrichten zu tun hat. Will man wissen, was es mit einer bestimmten Nachricht oder einem Vertrag etc. auf sich hat, betrachtet man ausgiebig die umliegenden Karten und alle Querverbindungen zum Brief hin.

Als Personenkarte:

Hier gibt es nicht wirklich viel zu sagen, da dies eher keine Charakterkarte ist.

Man kann es hier mit einer Person zu tun bekommen, die viel mit Papieren und/oder Unterlagen zu tun hat.

Mit dem Turm könnte es sich um eine Rechtsperson handeln. Mit dem Turm und dem Kind evtl. um eine Lehrperson oder jemandem vom Jugendamt.

Als Charakterkarte zeigt der Brief jemanden an, der flink, wendig und um keine Ausrede verlegen ist.

Jemanden der für alles einen Ratschlag hat, ob diese Ratschläge gut sind oder eher nicht, dürfen die umliegenden Karten aussagen.

Aber es kann hier schlicht auch ein Bote angezeigt werden.

Als Tageskarte:

An diesem Tag werden sehr wahrscheinlich Nachrichten von Wichtigkeit sein.

Eventuell kommt wichtige Post, mit Verlustkarten wird man umsonst auf eine Nachricht, ein Paket oder Ähnliches waten.

Erwartet man Antwort auf eine Bewerbung oder Ähnliches

so sind hier die Begleitkarten wichtig, nur mit sehr positiven Karten wie zum Beispiel der Sonne, den Sternen, dem Klee usw. wird die Antwort auf die Bewerbung etc. an diesem Tag ankommen. Will man wissen, wie diese ausfällt, so sollte man nochmals bis zu drei Karten nachziehen.

Möglich ist auch, dass Du nun die Chance auf eine Weiterbildung oder ein Seminar bekommst.

Liegen die Sense und die Blumen gemeinsam dabei, so wirst Du eine überraschende Nachricht oder Einladung zu einem Seminar oder Ähnlichem bekommen oder Du entdeckst einfach etwas in der Richtung und entscheidest dich gleich dafür.

28. Der Herr

Der Herr stellt den Fragesteller dar.

Ist eine Frau die Ratsuchende, dann stellt der Herr den Ehemann dar oder den Mann, den die Fragestellerin liebt.

Diese Karte wird gesondert heraus gelegt bei:

Den Fragesteller direkt betreffende Dinge.

Bei Fragen zu dem geliebten Mann.

Gibt es im Leben der Frau zwei Männer, so ist

„Der Herr" immer jener, dem die Dame gefühlsmäßig nähersteht.

Als zweiten Mann nimmt man, die Reiterin, den Bären oder eine Karte, welche die Person am ehesten beschreibt.

Bei gesundheitlichen Fragen wird diese Karte zusammen mit dem Baum heraus gelegt, wenn es um den Fragesteller oder den Herzensmann geht.

Andere Karten um den Herrn herum beschreiben dessen Charakter oder Aussehen usw.

29. Die Dame

Die Dame stellt die Fragestellerin dar.

Ist eine Frau der Ratsuchende, dann stellt diese Karte die Ehefrau dar oder die Frau, welche der Fragesteller liebt.

Diese Karte wird gesondert heraus gelegt bei:

Die Fragestellerin direkt betreffende Dinge.

Bei Fragen zu der geliebten Frau.

Gibt es im Leben des Mannes zwei Frauen, so ist

„Die Dame" immer jene, welcher der Herr gefühlsmäßig nähersteht.

Als zweite Frau nimmt man, die Reiterin, den Bären oder eine Karte, welche die Person am ehesten beschreibt.

Bei gesundheitlichen Fragen wird diese Karte zusammen mit dem Baum heraus gelegt, wenn es um die

Fragestellerin oder die Herzensfrau geht.

Andere Karten um die Dame herum beschreiben deren Charakter oder Aussehen usw.

30. Die Lilie

Kurzbedeutungen

Positiv:

Gutes Benehmen, Reinheit, Harmonie, zusammenpassen, Frieden, Familienleben, Neugeburt, Liebe, Leidenschaft, zärtliche Gefühle, Erotik, Treue, mediale Kontakte. Engelhaftes Verhalten, Glauben, Religiosität, Ehre, Auszeichnung, Spezialist auf einem Gebiet, Talent, geheimes Wissen, Eleganz, Würde, Sinnlichkeit, integre Absichten.

Negativ:

Sexualität als Anziehungspunkt, rüpelhaft, dreist, ungepflegt, eckt gerne an, spielt mit seinen Reizen, Ungläubigkeit, Ignoranz den Wünschen anderer gegenüber, Eitelkeit, Angeberei, zweifelhafte Absichten, absichtlich negativ bewerten.

Allgemeine Bedeutung:

Vielerorts wird die Lilie nur mit der Sexualität gleichgesetzt. Ich sehe noch viele andere Symbole in dieser wundervollen Blüte, darunter auch sehr alte Symboliken, und finde es schade, dass sie hauptsächlich auf die Erotik bezogen wird.

Mit spannungsreichen Karten dabei, wie z.B. die Sense, die Ruten, sollte man schon achtsam sein, wen sich einem eine Person körperlich nähert.

Sie steht aber auch für den Kampf für etwas, an das man zutiefst glaubt.

Die Lilie hat viele Bedeutungen und man sollte jede einzelne Kombination, welche sie bildet beachten, um ein Gesamtbild daraus zu gestalten.

Sie kann auch einen starken Familienstolz oder eine sehr starke Heimatverbundenheit oder extreme Gläubigkeit anzeigen, dies insbesondere, wenn der Turm, das Kreuz oder Ähnliches dabei liegt.

Sie kann auch eine starke Warnkarte sein. Hier besonders im Bereich der Gesundheit. Hier weist sie gerne daraufhin, den Frauenart oder Urologen aufzusuchen, da gerade im Bereich der Geschlechtsorgane Krankheiten still wirken. Taucht die Karte direkt bei einer Personenkarte auf, dies in Verbindung mit einer Karte, welche auf die Gesundheit hinweist, wie zum Beispiel der Baum oder die Mäuse, so sollte man der Person nahelegen einen entsprechenden Arzt aufzusuchen. Man sollte sich hüten eine Diagnose zu stellen, denn diese Karte kann auch einfach auf Hormonschwankungen hinweisen.

Und auch im Bereich Erotik kommt ihr ihre Bedeutung zu, dies besonders wenn hier Gefühls-Karten dabei liegen wie zum Beispiel, der Mond, hier spricht sie von einer seelisch-körperlichen Anziehung.

Mit den Ruten von einer eher sexuellen Anziehungskraft.

Mit der Sonne von einem eher Kurzen dafür aber sehr hitzigen Erlebnis usw.

In Gefolgschaft mit sehr spannungsreichen Karten wie zum Beispiel, die Sense, der Sarg und Ähnliche sollte sie als Gefahrenkarte gewertet werden, da hier Gefahr droht. Dies kann von der einfachen über die körperliche bis hin zur gefährlichen Belästigung gehen.

Als Personenkarte:

Hier kann eine vornehme edle Gesinnung oder ein Mensch der viel Wert auf gute und gepflegte Umgangsformen beschrieben werden, aber auch ein Mensch, dem all diese Eigenschaften fehlen.

Mit dem Kreuz, dem Turm und dem Fuchs etc. kann hier auch ein Fanatiker, ein Sektenmitglied oder Ähnliches angekündigt werden.

Es muss immer auf die Begleitkarten geachtet oder nochmals Karten nachgezogen werden.

Jedoch auch kann mit dem Mond, den Ruten auch ein Mensch beschrieben werden, der einem erotisch anspricht oder man selbst diesen Menschen.

Mit den Sternen zeigt es einen Menschen, der spirituell oder religiös auf uns einwirken könnte, ob dies nun positiv oder negativ ist, müssen die umliegenden Karten zeigen.

Als Tageskarte:

Je nach Begleitkarten kann dies ein Tag werden, an welchem man etwas für sich selbst und seine Ausstrahlung tut. Zum Beispiel sich Zeit nimmt für die Körperpflege, oder aber für spirituelle und geistige Themen. Aber auch ein Treffen, bei dem man sich sehr verbunden mit einer anderen Person fühlt, auf welche Weise dies sein wird zeigen die dabei liegenden oder nachgezogenen Karten an.

Mit Warnkarten sollte man achtsam sein, von wem man sich beeinflussen lässt oder wen man zu nahe an sich heranlässt.

31. Die Sonne

Kurzbedeutungen

Positiv:

Erfolg, Wärme, Lebensfreude, gutes Gelingen, Selbständigkeit, jugendliche Kraft, Kraft allgemein, Stärke, Zuversicht, die Augen, Großzügigkeit, Kreativität, Schaffenskraft, Vorgesetzter, Urlaub, Freude.

Negativ:

Feuer im zerstörenden Sinne, Explosion, Gefahr einer Entzündung, fehlende Wärme, seelische Tiefphasen, Dunkelheit, die überwunden werden möchte, Geiz, Egoismus, Probleme mit Höhergestellten, zu wenig Selbstbewusstsein, Helfersyndrom.

Allgemeine Bedeutung:

Die Sonne zeigt aber auch an, ob man das Zeug hat zur Selbständigkeit, oder ob man besser in einem

Angestelltenverhältnis aufgehoben wäre.

Liegen die Sterne, die Fische, der Anker dabei, so ist die Person, welche hier dargestellt wird, entweder Selbständige, strebt dies an oder bekommt einmal die Möglichkeit dazu. Mit den Ruten, dem Berg und dem Anker zeigt es eher ein Angestelltenverhältnis an.

Wenn Du bei bestimmten Problemen die Karten für dich oder jemanden anderes befragst, so kann die Sonne, sofern überwiegend positive Karten dabei liegen, aussagen, dass man positiv, voller Schwung und Elan an die Angelegenheit herangehen soll. Mit Mut Ausdauer und Vertrauen wird alles zum positiven Gelingen.

Liegen jedoch spannungsreiche Karten in direkter Verbindung wie zum Beispiel die Mäuse, bedeutet es Verlust der Angelegenheit. Mit dem Berg sagt die Karte aus, dass man, wenn überhaupt, nur mit größter Anstrengung zum Ziel kommt. Eher ist wahrscheinlich, dass man auf halben Wege aufgibt.

Mit dem Fuchs zeigt die Sonne an, dass man bei dem entsprechenden Problem keinen fremden Rat einholen soll, da dieser nicht passen würde. Mit der Schlange kann es sein, dass einem jemand absichtlich in die Irre schickt oder man seine Probleme einfach auf dem falschen Weg angeht.

Eine Warnung zeigt die Sonne an, wenn sie mit einer Personenkarte sowie der Sense zusammenliegt, hier kann ein sehr feuriges aber auch aggressives Wesen angezeigt werden.

Wenn Du in irgendeinem Gebiet nicht glücklich bist, zeigt dir die Sonne dabei, dass es immer eine Lösung gibt, man muss nur auf sich selbst vertrauen und selbst um Veränderung bemüht sein.

Mit dem Klee und/oder den Sternen kann die Sonne einen außergewöhnlichen Glücksfall ankündigen.

Vordergründig jedoch steht diese Karte, wenn es um Personen geht, für Selbstbewusstsein und Selbstvertrauen, sowie Mut und Durchsetzungsvermögen. Wie es um all dies bestellt ist, müssen die umliegenden Karten berichten.

Die Sonne mit den Fischen stellt auch das Internet und zugehörige Plattformen dar.

Als Personenkarte:

Hier kann entweder ein erfolgsverwöhnter Mensch angezeigt werden, mit weiteren positiven Karten anbei, oder ein Mensch, der kein Selbstbewusstsein besitzt, mit den Mäusen oder den Ruten zum Beispiel. Aber auch eine Person, welche deinem Selbstbewusstsein entweder förderlich ist oder es unterdrückt. Hier kommt es ganz auf die Begleitkarten an. Auch steht diese Karte, sofern der Anker dabei liegt für einen Vorgesetzten und ein entsprechendes (umliegende Karten beachten) Erlebnis mit diesem.

Die Karte kann aber auch einfach einen Menschen von südländischem Typ anzeigen oder jemandem mit zu viel oder zu wenig Temperament. Was genau zeigen die anderen Karten.

Als Tageskarte:

Hier kann dich die Sonne dazu auffordern, selbstbewusst

in den Tag zu gehen und egal, was ansteht, dies mit der Überzeugung zu tun, dass Du dein Bestes gibst.

Befindet sich bei den Tageskarten auch eine Personenkarte, so muss die dritte Karte aussagen, ob vor er Person gewarnt wird oder ob man sich auf eine positive Begegnung freuen kann.

Liegen Karten dabei, wie die Sense, die Wege, das Schiff, so sollte man an diesem Tag sehr achtsam sein, da hier evtl. eine Gefahr in Form einer Verletzung, eines Unfalls oder einer sonstigen negativen Situation wartet.

Mit positiven Karten kann man sich einfach auf einen angenehmen Tag freuen.

32. Der Mond

Kurzbedeutungen

Positiv:

Gefühle, Mediation, Romantik, die Nacht oder die frühen Morgenstunden, der weiblicher Zyklus, Ebbe und Flut Fruchtbarkeit, Medialität, positiver Okkultismus, alles Magische, Weichheit, Zartheit, Ehrlichkeit, Verborgenes wartet auf Entdeckung.

Negativ:

Depressionen, Alpträume, Sucht, gesundheitliche Probleme bei Frauen, die Periode, bei Männern, die Prostata betreffend, schwarze Magie, gefühlsmäßige Verwirrtheit, nebulöse Zustände, absichtlich im Unwissenden lassen, Gefühllosigkeit, Täuschung und Enttäuschungen.

Allgemeine Bedeutung:

Mit der Sense in Verbindung zeigt diese Karte, je nachdem bei welchem Ereignis oder welcher Person sie liegt eine unverhältnismäßige Härte an. Jedoch kann der Mond in Verbindung mit der Sense oder dem Berg und zeitgleich dem Fuchs aussagen, dass jemand total irrational regiert und die Gründe dafür in dessen Unterbewusstsein zu suchen sind.

Alles was mit Weichheit, Weiblichkeit und großen Emotionen zu tun hat, unterliegt dem Mond. Aber auch Dinge, die mehr werden, unter anderem das eigene Gewicht. Jedoch kann man auch sagen, dass z.B. eine Geldzunahme kommt, wenn der Mond mit weiteren positiven Karten, bei den Fischen liegt.

Diese Karte kann dich darauf hinweisen wollen, dass Du bei einer wichtigen Angelegenheit nicht alle Tatsachen siehst, sondern einen etwas vernebelten Blick auf die Dinge hast, oder aber, dass jemand absichtlich versucht, wichtige Informationen zu verschleiern.

Wenn Karten wie der Fuchs, die Schlange, die Wolken usw. beim Mond liegen, sagt die Karte manchmal aus, dass man nicht alle Seiten einer Sache gesehen hat und man den Blick für das nicht so offensichtliche öffnen sollte, oder auch einmal hinter die Dinge schauen sollte. Schau genau hin, wenn jemand dich versucht, von etwas zu überzeugen, es wäre möglich, dass hier manches verschleiert oder getarnt wird. Um was genau es geht zeigen dir die umliegenden Karten.

Eine besondere Bedeutung kommt dieser in Bezug auf Beziehungen zu. Hier kann diese Karte starke Gefühlsschwankungen zeigen, oder ein beständiges Auf und Ab, ein Hin und Her und sich nicht wirklich festlegen wollen. Hier können Urängste oder die Angst vor Nähe und Berührung eine große Rolle bei einem von beiden spielen. Diese Karte symbolisiert immer nur eine Person, nie werden beide gleichzeitig dieses Verhalten zeigen. Um wen es genau geht müssen die umliegenden Karten zeigen.

Jedoch ist immer, wenn diese Karte bei Beziehungen auftaucht ein genauer zweiter Blick auf das Kartenbild nötig, da der Mond nun einmal auch für Gefühle steht, ist schnell die Aussage getätigt, dass alles lieb und gut und nett ausschaut. Die wirklich wichtigen Karten, liegen zumeist ein Stück weit entfernt, dies allerdings immer in direkter Verbindung. Eben weil diese Verhaltensmuster eher unbewusst ablaufen und sich gerne verstecken, so versteckt sich die offensichtliche Bedeutung auch sehr gerne m Kartenbild. Daher, wenn es um Beziehung und Gefühle geht und der Mond direkt dabei liegt, immer sehr genau die Querverbindungen des Mondes anschauen.

Der Mond kann hier aber auch in Verbindung mit positiven Karten, z.B. der Ring, das Herz, die Sterne, große gefühlsmäßige Umschwünge, Erlebnisse, Treffen oder Nachrichtenanzeigen.

Bei gesundheitlichen Problemen unterliegen dem Mond alle unerklärlichen Symptome aber auch alle gefühlsmäßigen Zustände. Achtung vor einer vorschnellen Aussage zu einer Depression oder Ähnlichem. Überhaupt sollte man achtsam sein, bei allen Aussagen, die den Mond und seine Verbindungen im Kartenbild angehen, sofern der Fuchs, die Wolken oder die Schlange in unmittelbarer Nähe liegen.

Ich gehe sogar so weit zu sagen, dass überall, wo die Karte der Mond mit einen der oben genannten Karten gemeinsam auftaucht, der/die Kartenleger/in sehr achtsam mit den Aussagen sein sollte und sich selbst prüfen soll, ob er hier nicht vielleicht selbst in irgendeiner Art und Weise beeinflusst sein könnte.

Bei Unsicherheiten zum Aussagegehalt der Karten, in diesem Fall den Mond außer Acht lassen oder nochmals neu mischen lassen und auslegen.

Mit den Ausführungen wirst Du sicherlich auch noch deine eigenen Bedeutungen für den Mond finden. Er fordert jeden, der die Karten kennenlernen will regelrecht heraus, die eigene Bedeutung für ihn zu finden. Du wirst sehen, wenn Du für diese Karte deine eigenen Aussagen findet, dann kommen nach und nach auch alle anderen Karten mit den für dich zugehörigen Deutungen zu dir.

Als Personenkarte:

Liegt der Mond direkt bei einer Personenkarte, so kann dies verschiedene Bedeutungen haben. Zum einen kann dies eine sehr mediale, spirituelle Person anzeigen. In diesem Fall sollten Karten wie z.B. der Baum, der Blumenstrauß, die Sterne, die Sonne, die Ruten diese Aussage unterstützen.

Mit Karten wie dem Fuchs, den Wolken oder der Schlange, den Mäusen etc. ist Vorsicht geboten. Denn hier wird evtl. eine Person angezeigt, die nicht ehrlich ist, die Verschleierungstaktiken und Betrug zeigen könnte. Allerdings muss man hier sehr vorsichtig mit der Aussage sein. Denn liegt z.B. der Brief oder der Reiter dabei, kann es sein, dass es sich um eine Person handelt, welche dich eben auf solche Menschen oder Situationen in deinem Umfeld aufmerksam macht.

Allerdings kann der Mond auch eine Person bezeichnen, die emotional gerne überreagiert oder ein sehr naives Gebaren zeigt.

Als Tageskarte:

Der Mond als Tageskarte zeigt an, dass emotionale Ereignisse und Situationen auftauchen werden.

Jedoch kann es auch bedeuten, dass es an diesem Tag zu einem oder mehreren Situationen kommen kann, in denen man den Über- oder Durchblick verliert. Oder aber, dass man auf solche Personen trifft.

In Verbindung mit einer Personenkarte kommt es darauf an, welche Karten noch dabei liegen.

Hier kann vor einem Menschen gewarnt werden, der absichtlich oder unbewusst, nicht ehrlich ist.

Es kann aber auch ein Hinweis sein, wenn das Herz dabei liegt oder der Ring, oder der Park etc., dass sehr schöne emotionale Momente oder Nachrichten warten.

33. Der Schlüssel

Kurzbedeutungen

Positiv:

Glück, Erfolg, positive Nachrichten, Veränderung, Klugheit, Geschenke, Metall, sicheres Zuhause, die richtige Lösung, Silber, gute Ideen, glückliche Fügung, handwerkliches Geschick und Erfolg damit, eine der Geldkarten, die mittlere und selbsterworbene Geldbeträge anzeigt.

Negativ:

Täuschung, Hoffnungen sind umsonst, Mineralstoffmangel, Gaunerei, Täuschung, Pläne gehen schief oder werden aufgegeben, ständige Misserfolge, Missgeschick, Wucher, Ausnutzung, ein kluger jedoch auch raffinierter Geist, Einbruch, Diebstahl, Intrigen, Illusion.

Allgemeine Bedeutung:

Der Schlüssel kann Türen öffnen, er kann dir aber auch die versperren, welche dir den Blick auf die Realität offenbaren würden. Von daher kann der Schlüssel im negativen Sinne auch Betrug und Täuschung bedeuten.

Mit den Wolken wiederum zeigt dir die Karte, dass es noch eine Weile dauert, bis Du mit dem erhofften positiven Ereignis rechnen kannst. Jedoch, so wie auch jede Wolke irgendwann weiterzieht, so wird auch der Glückshimmel irgendwann wieder klar werden.

Mit dem Berg in der direkten Verbindung zeigt der Schlüssel an, dass man das Glück nur aus eigener Kraft findet. Nur mit Anstrengung im Denken sowie Handeln kommt man dem erwünschten Ziel näher.

Der Schlüssel kann auch trügerisch scheinen. Liegt der Blumenstrauß dabei, so zeigt der Schlüssel an, dass wir zu sehr auf Erfolg schauen und dabei die kleinen Dinge, die wirklich glücklich machen, total übersehen und so am eigenen Glück vorbeilaufen.

Jedoch können diese Kombinationen auch zeigen, dass man leichtgläubig den Versprechen anderen glaubt, die einem Glück und Erfolg vorgaukeln, um sich vielleicht selbst zu bereichern.

Der Schlüssel will dich aufmerksam machen, dass im Grunde nur Du die Türe zum eigenen Erfolg und Glück finden und auch nur Du diese Türe öffnen kannst.

Das Glück findet sich nicht nur im Großen, sondern wird sehr oft übersehen, weil es manchmal so unscheinbar daherkommt, wo man doch eigentlich spektakuläre Glücksmomente erwartet.

Bei beruflichen Fragen kann er darauf hinweisen, dass man den Schlüssel zum beruflichen Erfolg schon bei sich trägt, oder aber die Karte kann dich hinweisen wo oder bei wem, oder bei welcher Gelegenheit Du diesen finden kannst.

Die Karte kann aber auch auf metallverarbeitende Berufe hinweisen.

So wie das Glück kam, kann es bei Unachtsamkeit auch wieder verloren werden.

Der Schlüssel kann dir aber auch vorgaukeln vor etwas ganz Besonderem zu stehen, nur weil er in das Schloss einer prachtvollen Türe passt und am Ende ist dahinter nichts. Der Schlüssel will dir auch sagen, nicht immer muss es etwas Besonderes oder Wertvolles sein, was dich hinter einem reich geschmückten Tor erwartet. Mancher Schatz leuchtet hinter einer bescheidenen Pforte. Wähle gut, in welches Schloss dein Schlüssel passen soll. Eine bescheidene Wahl kann manchmal mehr Zufriedenheit und dauerhaftes Glück bringen, als die prunkvollste Türe verbergen könnte.

Als Personenkarte:

Hier kann ein Glückskind angezeigt werden. Jemand der jede glückliche Situation findet. Aber auch jemand, der selbst im Kleinsten einen Grund findet, fröhlich zu sein und sich zu erfreuen.

Mit eher negativen Karten jedoch kann es sich hier um jemanden handeln, der nur das negative sucht und sich mit kleinen Glücksmomenten nicht zufriedengibt oder diese nicht als solche erkennt.

Mit Karten wie dem Blumenstrauß, den Lilien oder dem Klee, wird hier vielleicht eine Person symbolisiert, die gerne den Gönner spielt, ob dies von Herzen geschieht oder einen Zweck verfolgt, müssen die beiliegenden Karten zeigen.

Oder es wird eine Person symbolisiert, die es sich gerne leicht macht und sich beschenken und/oder fördern lässt, um ihre Bedürfnisse zu erfüllen. Dies wäre zum Beispiel in Gesellschaft des Fuchses der Fall.

Aber auch in Kombination dem Blumenstrauß und dem Berg sollte man achtsam vor der dargestellten Person sein. Denn hier wird jemand dargestellt, der sich durch Zuwendungen anderer, die Mühe des eigenen Verdienstes erspart. Dies kommt hier ganz auf die Begleitkarten an.

Als Tageskarte:

An diesem Tag kann es zu vielen Glücksmomenten kommen. Aber auch gute Gelegenheiten, Hilfsangebote und Chancen können angezeigt sein, wenn die Begleitkarten positiv sind.

Mit spannungsreichen Karten, wie die Mäuse oder die Wolken ist wohl eher ein Verlust oder Unzufriedenheit angekündigt.

Möglich wäre auch, wenn die Sonne dabei liegt, dass heute eine wirklich gute Gelegenheit auftaucht, die man auch wahrnimmt und die überraschend Erfolg beschert.

Mit den Sternen zum Beispiel könnten auch gute Gewinnchancen auftauchen.

Wenn es um Beziehung und Partnerschaft geht, so kann dieser Tag eine Entscheidung bringen, in welcher Weise müssen allerdings die Begleitkarten aussagen.

Mit den Mäusen allerdings wird vor Verlust von etwas wichtigem, wie Geld, Handy, oder gar wirklich der Schlüssel gewarnt.

34. Die Fische

Kurzbedeutungen

Positiv:

Erfolg, Finanzen, Reisen über das Meer, Reichtum, Glück im finanziellen und beruflichen Bereich, Gewinn, erfolgreiche Geschäfte, gute Berufswelt, spirituelle Verbindung, den großen Fisch an Land ziehen, Erfolgswellen, neue Gewässer, Überredungskünste, Beweglichkeit, Sportlichkeit, Nachrichten von weit her, große Fahrzeuge.

Negativ:

Stagnation, Armut, Misserfolge meist aber durch eigenes Verschulden, Pläne sind zu utopisch, um umgesetzt zu werden, große Verluste, nur träumen und selbst nichts tun, sich im Kreise drehen, Uneinsichtigkeit, Suchtneigung, negative Nachrichten von weit her.

Allgemeine Bedeutung:

Die Karte steht für jeglichen finanziellen Erfolg oder Misserfolg. Diese Karte besitzt schon immer die traditionelle Bedeutung als finanzielle und berufliche Glückskarte, vorrangig aber als finanzielle. Dabei hat sie so viele andere Seiten.

Aber diese Karte zeigt auch das Innenleben eines Menschen, dessen seelischen und charakterlichen Reichtum an.

Sie zeigt wo es im Leben auf und ab geht. Aber auch wo Bewegung ins Leben kommt, oder aber nötig wäre, um etwas zu verändern. Die Fische zeigen dir, wo es in deinem Leben fließt oder wo der Energie-Fluss gestaut ist.

Liegt zum Beispiel der Berg bei den Fischen, so zeigt es dir an, dass irgendwo in deinem Leben etwas stagniert und deine Unterstützung braucht um wieder ins Fließen zu kommen. Denn da wo die Fische auftauchen, ist zwar Erfolg möglich, aber genau hier ist auch Eigeninitiative gefragt. Da wo Du anpackst, arbeitest, Energie hineingibst, ach wenn Du dafür eine Weile anständig schwitzen und dich bewegen musst, genau da wird dich der Erfolg überreich belohnen können.

Im Bereich der Liebe, könnten alte Energien wieder ins Fließen kommen, dazu müssen aber auch die umliegenden Karten beachtet werden, ob dies auch für beide gewollt und gut wäre. Denn die Fische sind auch eine der Suchtkarten und könnten gerade im Bereich Liebe-Beziehung eine ungesunde Einstellung anzeigen. Ganz besonders hier zeigen die Fische gerne an, dass man etwas ruhen lassen soll, dass man sich eine andere Strömung werfen und davon schwimmen soll, weil man sich sonst, ohne es zu bemerken, in einem Kreis dreht. Denn Wasser ist weich, der Widerstand kaum bemerkbar und schnell ist man in der Illusion gefangen, dass auch der andere das gleiche empfindet.

Im karmischen Bereich zeigt dir die Karte die Fische eine Verbindung in die Zeit, als die Zeitrechnung begann, also in die Zeit Jesu. Wenn Du eine eher karmische Legung machst, so schaue, was genau um diese Karte herum liegt, hier findest Du alles zu einem eventuellen damaligen Leben.

Diese Karte zeigt dir Reichtum oder eben das Fehlen dessen, in allen Lebensbereichen an, nicht nur im finanziellen Bereich.

Zum Beispiel mit dem Herzen und anderen positiven Karten dabei, bist Du reich beschenkt mit Menschen, die dich lieben.

Mit dem Buch, dem Kreuz und den Ruten, hat das Leben dir eine große Chance mitgegeben, dich mit Worten und Schrift auszudrücken. Mit dem Stern und der Sonne handelt es sich um tatsächlichen materiellen Reichtum. Liegen hier aber Verlustkarten bei diesen Themen und den Fischen, so mangelt es eben in genau jenen Bereichen, bei denen die Fische liegen.

Die Fische zeigen aber auch an, wo Du gerne große Pläne machst und Träume und Visionen lebst, aber nichts dafür tust, um diese zu verwirklichen. Da wo die Fische liegen, da kannst Du Erfolg leben, aber nur, wenn Du selbst etwas dafür tust und dich anstrengst.

Nur wenn die Sense bei den Fischen und ansonsten positiven Karten liegt, kann man von einem plötzlichen und unerwarteten Erfolg sprechen.

Als Tageskarte:

Etwas Finanzielles könnte heute von Belang sein.

Mit dem Brief geht es um eine Geldsendung. Mit den Wolken zeigt es einen Tag, an dem Du ein finanzielles Problem haben könntest. Mit dem Schiff oder der Sonne könnte etwas teures kaputt gehen.

Mit negativen Karten warnt sie dich davor, heute besonders achtsam mit Wertgegenständen und Geld zu sein. Es droht, besonders mit den Mäusen oder der Sense dabei Verlust und/oder Diebstahl.

Mit Gefühlskarten und Personenkarten dabei, wirst Du sehr angenehmen Gesellschaft haben können. Mit den Ruten jedoch fordern dich die Fische auf, Sport zu treiben, oder sich einfach einmal auf einen Spaziergang zu begeben.

Mit dem Blumenstrauß und den Wolken wirst Du aufgefordert, lieber das Portemonnaie zu Hause zu lassen, da das Geld bei dir sehr locker sitzen könnte und Du zu viel ausgibst.

Mit dem Buch jedoch kommt eine wichtige, positive berufliche Nachricht, sofern auch die dritte gezogene Karte eine eher positive ist.

Als Personenkarte:

Hier wird eine wendige, sportliche sehr agile Person angezeigt.

Aber Achtung, bei einer Personenkarte kann hier auch ein Mensch angezeigt werden, der unter eine Sucht leidet. Was genau dir dies sagen will, sollten die beiden anderen Tageskarten zeigen oder noch einige nachgezogen werden.

Als Personenbeschreibung direkt, kann es eine etwas schwammigen Charakter anzeigen, sehr helle Augen, aber nicht zwangsläufig helles Haar. Keine übermäßig große Person und evtl. auch einige Kilos zu viel aber trotzdem sehr beweglich.

In Verbindung mit dem Fuchs kann es eine Person sein, die sehr raffiniert sein kann. Kommt hier noch die Karte die Ruten dazu, so ist es jemand der sogar einen Eskimo Eiswürfel als lebensnotwenig verkaufen würde.

35. Der Anker

Kurzbedeutungen

Positiv:

Beständigkeit, Beharrlichkeit, Ausdauer, konsequent sein, Arbeit, Ursprünglichkeit, Tradition, Meditation, das Stillhalten, Anführer, handwerkliche Berufe und alles was mit Metall zu tun hat, im weitesten Sinne auch das Meer, Halt geben, Sicherheit, Verankerung.

Negativ:

Unangemessene Härte, Inkonsequenz, unbeweglich, starr, altmodisch, Erbsenzählerei, unpraktisch veranlagt, laut sein, alles Gewohnte ablehnen, unangebracht aus er Reihe tanzen, unfähig andere zu stützen, fordernd ohne geben zu wollen, festhalten, einengen.

Allgemeine Bedeutung:

Diese Karte zeigt dir die Lebensgebiete an, in denen Du etwas Stabiles aufbauen kannst oder sollst. Aber mit Karten wie die Wolken, die Vögel, und den Mäusen kann sie dir auch zeigen wollen, wo Du auf schwachem Untergrund aufbauen möchtest und den Halt verlieren kannst. Liegen die Sense oder die Ruten oder aber der Sarg dabei, so zeigt dir de Anker deutlich, in welchem Lebensbereich bei dir dringender Handlungsbedarf besteht.

Da wo eine dieser Kombinationen auftaucht, muss dringen gehandelt werden um den Schaden zu vermeiden oder zu begrenzen.

Eine besondere Bedeutung kommt dem Anker in Liebes und Gefühlsfragen zu.

Da wo der Anker auftaucht, da zeigt er, wo etwas gefestigt werden kann, aber auch, wo etwas zu eisern festgehalten wird.

Der Anker zusammen mit den Wolken sagt aus, wo Du loslassen und gehen lassen sollst. Da wo der Anker mit der Sense im Gepäck erscheint, da zeigt er, wo Du dich zurückziehen musst, um Schaden von dir oder anderen abzuwenden.

Denn hier hältst Du oder die Person, welche hier dargestellt wird, auf krampfhafte, absolut ungesunde Art und Weise etwas fest, was nicht bleiben will.

Mit den Ruten dabei und dies bei Gefühlskarten, haben wir hier sogar ein klassisches Stalking.

Schaust Du für eine andere Person, so kann diese Kombination auch aussagen, dass man achtsam sein soll vor einer Person, die zum Stalker mutieren könnte. Dies ist besonders der Fall, wenn der Fuchs in der Verbindung liegt, denn er symbolisiert ja auch, das Vorspiegeln falscher Tatsachen. Jedoch habe ich die Erfahrung gemacht, dass dies auch auf die Vögel zutrifft, sofern diese in oben genannter Kombination auftauchen.

Der Anker kann auch anzeigen, dass man zu hart reagiert oder dass man seine Gefühle so sehr unter Verschluss hält, dass man als hart und kalt erscheint. Hier fordert der Anker dann zu mehr Weichheit und Vertrauen ins Leben auf.

Findet sich die Schlange beim Anker ein, so zeigt diese hier an, dass man beweglicher sein könnte, wenn man denn nur wollte.

Der Anker hat traditionell Bedeutungen wie verankert sein, verbunden sein, aber eben auch als „der rettende Anker“, weil er das Schiff an der Stelle festhält.

Sieht man sich dies aber einmal anders an, so zeigt der Anker auch, dass er eben „festhält“ er verleiht eine gewisse Starre und Unbeweglichkeit. Genau dies sagt er zumeist auch bei einer Personenkarte aus. Mit den Wolken dabei kann der Anker bei einer Personenkarte deutlich aussagen, diese Person wird dich festhalten umarmen und drücken bis dir die Luft zum Atmen eng wird. Hier ist jemand, der dir deinen Lebensraum sehr beschneiden könnte, weil er zu besitzergreifend und übergriffig sein kann. Allerdings kann dies auch auf den/die Fragesteller/in zutreffen, sofern Anker und Wolken direkt bei ihr liegen. Dies soll nur ein Beispiel dafür sein, dass man die alten

Bedeutungen auch einmal hinterfragen und neu interpretieren kann.

Der Anker gibt zwar die Sicherheit, dass es dich nicht wegtreiben kann, aber er nimmt dir zeitgleich auch ein Stück weit die Freiheit, weiterzuziehen, falls Du alleine den Anker nicht hieven kannst.

Im beruflichen Bereich zeigt der Anker eher ein beständiges Wachstum an, sofern entsprechende Karten bei ihm liegen. Er zeigt das Fundament und ob dies stabil oder eher brüchig ist. Hier entscheiden natürlich die umliegenden Karten.

Als Tageskarte:

Dieser Tag wird wohl geprägt sein von grundsätzlichen Lebensfragen und Fragen nach Sicherheit und Stabilität.

Im Grunde wird hier ein eher ruhiger Tag angezeigt, den man nutzen sollte um einige Dinge im Leben zu überdenken und vielleicht Veränderungen zu planen.

Aber auch, an diesem Tag könnte der Grundstein für etwas Neues gelegt werden.

Als Personenkarte:

Diese Karte symbolisiert entweder jemanden, auf den man sich absolut verlassen und auf die man bauen kann, dies mit Karten wie dem Baum, dem Klee und Ähnlichen.

Oder aber, wenn Karten wie die Mäuse dabei liegen, oder die Wolken, zeigt es eine Person, die sehr unzuverlässig ist und eher Halt braucht, als diesen geben kann. Sie verspricht zwar, wird sich aber, mit den Wolken zum Beispiel zurückziehen, wenn die Einlösung eines

Versprechens oder dergleichen fällig ist.

Aber auch eine Person von geringer Größe, wahrscheinlich eher zu klein. Mollig oder sehr muskulös und knochig. Hauptproblem oder Muttermale oder Ähnliches dürften vorhanden sein. Das Gesicht dürfte eher kantig sein.

36. Das Kreuz

Kurzbedeutungen

Positiv:

Karma, positive Prüfungen, der Moment, an dem sich alles ändern kann, der Rücken, sein Kreuz niederlegen, Lasten ablegen und/oder verringern, deine eigene Stütze sein, durch Lasten stärker werden, Herausforderungen annehmen und meistern, Gnade, Fähigkeiten,

Negativ:

Negative karmische Zeichen, sich jede Last aufladen wollen, anderen keinen Halt bieten, sondern nur Halt suchen, unter geringer Last zusammenbrechen, vom Leben gebrochen, verurteilend, anderen Lasten auferlegen,

Allgemeine Bedeutung:

Das Kreuz zeigt Prüfsituationen im Leben an. Aber es zeigt auch an, wo wir Rückgrat haben und zu dem Stehen, was wir sind, sein wollen und woran wir glauben.

Diese Karte ist ein von zwei karmischen Karten in den 36 Grundkarten. Sie zeigt uns, wo wir auf dem Lebensweg sind und wo wir abweichen.

Sie zeigt uns Lektionen und Aufgaben an, die uns wachsen und reifen lassen.

Eine besondere Bedeutung kommt ihr im Bereich der Liebe zu. Da wo das Kreuz bei Liebes- oder Partnerschaftsthemen auftaucht, da gilt es genauer hinzuschauen.

Oft zeigt das Kreuz an, dass man sich in eine andere Person verrennt und keine Gegenliebe erwarten kann. Man klammert, hält fest, bindet sich den anderen regelrecht als Last auf und bemerkt selbst im Liebeswahn nicht, wie man langsam aber sicher zerbricht.

Das Kreuz zeigt dir, wo Du etwas in dieser Situation zu lernen hast. Es zeigt dir deutlich, wo du einen anderen Menschen, aber auch andere wichtige Situationen betreffend, in uralte Muster verkriechst und reagierst wie vor hunderten von Jahren. Liegt hier auch noch der Turm (zweite karmische Karte) dabei, so hast Du hier absolut sicher etwas zu lernen und aufzulösen. Und auflösen geschieht meist durch Seinlassen- Loslassen- Gehenlassen, durch Situationen oder Verhaltensweisen verändern oder einfach verlassen.

Um was es genau geht müssen natürlich die umliegenden Karten zeigen.

Außerdem zeigt sie uns, wo im Leben mehr an der Sicherheit und Stabilität gearbeitet werden müsste.

Jedoch sagt Sie auch, wo wir vielleicht zu starrsinnig reagieren und handeln oder wo wir zu weich sind und etwas mehr Härte guttäte.

Ein weiterer Schwerpunkt ist bei dieser Karte die Gesundheit, dazu aber mehr im entsprechenden Kapitel.

Als letzte Karte im normalen Deck symbolisiert das Kreuz auch ein Ende, einen Schlusspunkt oder einen Punkt, über den man nicht hinausgehen sollte.

So zeigt das Kreuz auch oft Trennungen und Unterbrechungen an. Wo genau müssen die umliegenden Karten zeigen.

Aber, so wie ein Ende gezeigt wird, so ergibt sich auch ein Neuanfang. Diesen zu erkennen, sollten dir die umliegenden Karten und/oder die Querverbindungen zeigen.

Als Tageskarte:

Dies wird wahrscheinlich nicht dein Tag werden.

Es scheint so, als sei der Tag voller Prüfungen oder voller Kleinigkeiten die schief gehen und einem dadurch belasten.

Jedoch zeigen dir diese Missgeschicke, dass Du achtsam sein sollst um einer Verletzung oder Ähnlichem aus dem Weg zu gehen.

Möglich ist auch, dass Du heute so viele Verpflichtungen hast oder aufgeladen bekommst, dass Du das Gefühl hast, sie nicht alle tragen zu können. Mit Mut, Lebensfreude und Humor wirst Du jedoch alles Meistern können.

Auch könnte es sein, dass Du heute eine deiner Lebensmissionen erkennst oder gezeigt bekommst.

Vielleicht ergibt sich aber an diesem Tag auch ein Thema, welches Du aus alten Inkarnationen mitgebracht hast. Außerdem wären Rücken und/oder Gelenkprobleme möglich. Oder aber Kummer und Schmerzen mit den Zähnen, sofern die Sense in der Nähe liegt.

Als Personenkarte:

Hier zeigt sich eine schlanke, eher mittelgroße Person, sehr knochig oder gelenkig.

Vielleicht gibt es hier auch eine leicht gebeugte Haltung oder leichte O-Bein. Auf jeden Fall dürfte es Probleme mit den Füßen und den Fußgelenken geben. Aber auch die Hand und Armgelenke könnten etwas Schwierigkeiten bereiten, oder auf irgendeine Weise auffallend sein.

Als Charakter zeigt sich hier ein Mensch, der ehrlich und geradeheraus sein kann. Manchmal vielleicht zu ehrlich, dass es schon verletzend wirken kann, was aber von der Person nicht beabsichtigt ist.

Hier wird jemand dargestellt, der anpacken kann. Ein Macher und Problemlöser.

Mit negativen Karten, wie den Mäusen oder den Wolken, zeigt sich hier aber eher ein Charakter, der Verantwortung und Verpflichtung lieber aus dem Weg geht und dies anderen überlässt.

Mit dem Fuchs oder der Schlange findet dieser Mensch immer Wege, um andern seine eigenen Probleme lösen zu lassen und ja selbst nicht zu viele Lasten zu schultern.

3 Kombinationen der einzelnen Karten

Die Kombinationen, welche ich hier vorstelle, sollen nur einen Denkanstoß liefern. Am besten ist es, wenn man mit der Zeit seine eigenen Kombinationen findet.

Hierzu kannst Du, wie ich schon in meinem Skatkartenbuch beschrieben habe, eine Art Tagebuch führen.

Wenn Du dir täglich, am besten zur gleichen Tageszeit, vormittags für den jeweiligen Tag, oder abends für den kommenden Tag, drei Karten ziehst, dir diese notierst und Du dir dann am Abend ein wenig Zeit nimmst, um deinen Tag zu überdenken, kannst Du bestimmte Vorkommnisse des Tages, deinen drei gezogenen Karten zuordnen.

Sehr wahrscheinlich wirst Du immer einen Moment oder ein Geschehen des Tages erkennen, welches Du diesen drei Karten zuordnen kannst.

Hier kannst Du auch die erste mit der zweiten Karte kombinieren, die zweite mit der dritten Karte, aber auch die erste mit der dritten und die zweite Karte als Mittler zwischen den beiden deuten und diese Aussagen dann miteinander verbinden.

Notiere dir auch, welchem Geschehen, du welche Karte oder Kombination zugeordnet hast.

Du wirst sehen, mit der Zeit finden eigene Bedeutungen zu dir, und Du kannst sehen, dass deine gezogenen Karten auf diese Art, mit nur drei Karten, immer deutlicher zu dir sprechen. Dies kannst Du nach und nach auf die großen Kartenbilder übertragen.

Mit dem Tagebuch erhältst Du so, eine wertvolle eigene Sammlung von Deutungen, die individuell für dich und trotzdem treffend für andere Analysen sein werden.

1. Die Reiterin

Mit dem Klee:

Gute Nachrichten werden überbracht.

Mit dem Schiff:

Eine kurze Reise oder aber man trifft jemanden, der philosophische und/oder spirituelle Themen in das eigene Leben bringt.

Mit dem Haus:

Man schaut mehr auf die eigenen Belange Ob dies nun positiv oder negativ ist, sollten die umliegenden Karten aussagen. Aber auch, Belange die eigene Wohnung oder das Haus betreffend werden wichtig.

Mit dem Baum:

Sportliche Aktivitäten, welche der Gesundheit dienen werden ausgeübt oder wären angebracht.

Mit den Wolken:

Hier wird davor gewarnt, seine eigenen Emotionen im Griff zu haben, da man sonst ungerecht oder gar beleidigend werden könnte. Oder aber jemand anderes verhält sich so. Oder, die Gedanken drohen mit einem durchzugehen und man könnte recht impulsiv werden.

Mit der Schlange:

Hier kommt es darauf an welche Karten noch dabei liegen. Im positiven wird hier ein Mensch beschrieben, der viel innere Weisheit besitzt oder neue Ideen ins Leben bringen kann. Im negativen warnt diese Karte vor einer Lüge, einem Betrug und/oder Verlusten durch Raffiniertheit. Es kann aber auch ein Mensch mit diesen Eigenschaften beschrieben werden.

Mit dem Sarg:

Diese Kombination kündigt entweder schlechte Nachrichten an, oder aber ein seelisches Tief.

Mit den Blumen:

Ein Geschenk oder eine sehr positive Nachricht wird angekündigt. Aber es könnte auch eine Einladung überbracht werden, oder man selbst plant eine Feierlichkeit und versendet Einladungen dazu.

Wartet man auf einen wichtigen Bescheid, so kann hier eine positive Aussage gemacht werden.

Mit der Sense:

Unfallgefahr in der Freizeit oder bei sportlichen Tätigkeiten könnte hier angezeigt werden.

Mit Karten welche für eine Nachricht sprechen, so kommt eine sehr plötzliche und/oder sehr negative Nachricht.

Mit der Rute:

Eine mündliche Nachricht wird überbracht. Aber auch, eine wichtige Unterhaltung kann angezeigt werden, je nach Begleitkarten kann man aussagen, wo diese stattfindet.

Mit negativen Karten jedoch, kann es zu heftigen Diskussionen oder einem Streit kommen. Auch mündliche Angriffe können hier gezeigt werden.

Mit den Vögeln:

Hier wird wahrscheinlich eine kurze Reise angezeigt. Kurz bedeutet hier ein bis drei Tage.

Mit spirituellen Karten kann sich hier auch eine Information aus dem spirituellen Bereich zeigen oder wenn der Baum dabei liegt, Talent für mediale Dinge. Findet sich in der spirituellen Kombination jedoch Karten wie die Ruten, die Mäuse etc. So wird hier deutlich davor gewarnt, auf Durchgaben oder Visionen, von wem auch immer (kann auch die eigene Person betreffen) achtsam zu sein, da hier Betrug, bewusstes oder unbewusstes Lügen vorrangig sein könnte.

Mit dem Kind:

Hier werden Nachrichten, Begegnungen oder Ereignisse einen sehr jüngeren Menschen oder ein Kind betreffend angezeigt.

Mit Liebeskarten kann dies auch eine/n jüngere/n Verehrer/in darstellen.

Direkt bei einer Personenkarte liegend, sagt dies aus, dass der betreffende Mensch zu sehr unreifen Taten und Aktionen neigen kann.

Mit dem Fuchs:

Falschinformationen und Lügen können hier angezeigt werden. Aber auch es kann auch eine Warnung vor einem Menschen sein, je nachdem welche andere Personenkarten dabei liegen, der versucht einem anzulügen oder zu betrügen.

Mit positiven Karten zeigt diese Kombination an, dass man die Richtung des Denkens ändern sollte, um Lösungen zu erkennen.

Mit dem Bären:

Hier wird eine Person dargestellt, welche dunkelhaarig, sportlich und sehr aktiv ist.

Mit den Sternen:

Hier werden Nachrichten angezeigt, welche in der dunklen Tageszeit ankommen.

Mit weiteren spirituellen Karten jedoch, kann hier das Talent für mediale und/oder spirituelle Beschäftigungen angezeigt werden. Visionen, Tagträume und Ähnliches gehören zu dieser Konstellation. Liegen negative Karten dabei, sollte man in diesen Bereichen achtsam sein.

Mit dem Storch:

Dies kann eine kurze Auslandsreise symbolisieren oder aber Nachrichten aus fernen Ländern.

Aber auch sportliche Aktivitäten, welche mit Schnelligkeit und Tempo zu tun haben.

Mit dem Hund:

Nachrichten von einer älteren Person oder einem Freund.

Mit dem Turm:

Nachrichten von einer Behörde, Bank oder anderen offiziellen Stelle. Mit den Fischen in Kombination betrifft es die Finanzen, mit dem Anker z.B. den Beruf, mit dem Ring Beziehungen usw.

Ob die Nachrichten positiv oder negativ sind, müssen die umliegenden Karten aussagen.

Mit dem Park:

Ein Ausflug oder die Teilnahme an einer öffentlichen Veranstaltung.

Mit dem Berg:

Hier werden Informationen angezeigt, welche sich um Probleme drehen. Wie der Ausgang sein wird, zeigen die umliegenden Karten.

Aber auch anstrengende sportliche Betätigung wie Bergsteigen, Gewichtheben usw.

Mit den Wegen:

Eine Entscheidung wird mit Hilfe einer Nachricht von jemandem anderen getroffen werden.

Oder aber, für eine wichtige Entscheidung fehlen noch wichtige Informationen.

Mit der Maus:

Hier kommen Nachrichten über einen Verlust. Oder eine erwartete Nachricht fällt negativ aus.

Auch wird hier gewarnt nicht vorschnell zu entscheiden.

Mit dem Herzen:

Eine Liebesnachricht. Aber auch Informationen eine Partnerschaft betreffend.

Mit einer Personenkarte anbei, kann es auch eine neue Beziehung oder neues Verlieben ankündigen.

Mit dem Ring:

Ein Heiratsantrag. Oder einfach Nachrichten über eine Beziehung betreffend.

Mit Karten wie der Fuchs, die Schlange u.Ä. kann diese Kombination auch bedeuten, der der/die Angebetete in einer anderen Beziehung ist.

Mit dem Buch:

Hier wird ein Vertrag oder eine schriftliche Vereinbarung dargestellt. Ob diese/r zustande kommt oder nicht sagen die umliegenden Karten aus.

In seltenen Fällen geht es hier auch um ein reales Buch, welches geschrieben oder hergestellt wird.

Mit dem Brief:

Eine schriftliche wichtige Nachricht ist unterwegs.

Mit dem Herrn:

Hier wird ein sportlicher und unternehmungslustiger Mann dargestellt.

Mit der Dame:

Eine sportliche Frau, die viel in Bewegung ist.

Mit den Lilien:

Hier geht es um erotische Nachrichten, Chats usw.

Aber hier kann auch gewarnt werden (je nach Begleitkarten), dass eine bestimmte Person nur sexuelle Interessen hat.

Mit der Sonne:

Hier werden sehr erfolgreiche Nachrichten angekündigt.

Aber auch Glückserlebnis beim Bereich Sport, Freizeit, Hobby und Gesundheit.

Mit dem Mond:

Eine Reise, die in den dunklen Tagesstunden beginnt.

Nachrichten die Gefühle betreffen.

Meditationen und Träume sowie visionäre Reisen.

Mit dem Schlüssel:

Nachrichten, von denen deine Zukunft abhängen. Glücksnachrichten. Informationen, erfolgreiche Verhandlungen und Geschäfte.

Mit den Fischen:

Hier kommen Informationen, welche die Finanzen betreffen. Oder, je nach Begleitkarten, finanzielle Zu- oder Absagen.

Aber auch eine teure Reise oder die Finanzierung einer solchen.

Mit dem Anker:

Hier geht es darum, Verträge, Abmachungen, Versprechen oder andere Vereinbarungen Substanz zu geben und diese zu festigen.

Es kann auch aussagen, dass ein Probevertrag nun in einen Festvertrag geändert wird.

Auf alle Fälle werden hier, einmal begonnene Dinge gefestigt und verankert.

Mit dem Kreuz:

Schwierigkeiten wegen einer Reise.

Karmische Verpflichtungen werden nun eingefordert.

Aber auch eine Reise muss abgesagt werden oder eine sportliche Tätigkeit aufgegeben werden. Auch Ärger auf oder wegen einer kurzen Reise.

2. Der Klee

Mit dem Schiff:

Gute Nachrichten sind unterwegs. Auch zeigt die Karte eine Zeit von jetzt bis z u vier Wochen an.

Mit dem Haus:

Positives deine Wohnung oder dein Haus betreffend. Aber auch gute Nachrichten aus der Familie. Liegen negative Karten dabei, können erwartete Nachrichten auch als negativ angezeigt werden.

Mit dem Baum:

Gut verwurzelt. Für ein Problem kommt eine gute Lösung, oder aber mit negativen Beikarten, wird gezeigt, dass ein Problem nicht oder noch nicht lösbar ist.

Mit den Wolken:

Das scheinbare Glück ist brüchig. Oder man muss noch schlechte Zeiten durchleben, bevor es besser werden kann. Aber auch überraschend negative Erlebnisse sind im Kommen.

Mit der Schlange:

Dies ist eine zwiespältige Kombination und es kommt sehr auf die umliegenden Karten an. Meist wird hier eine ältere Dame angezeigt, welche gute Ratschläge zu geben vermag. Sind allerdings unmittelbar negative Karten dabei, so zeigt es eine Warnung vor einer älteren weiblichen Person an. Oder aber von einer Expartnerin. Aber auch die Mutter, Großmutter, Chefin, Ärztin oder Exfreundin kann gemeint sein.

Mit dem Sarg:

Probleme lösen sich auf. Je nachdem welche Karten dabei liegen, kann es auch sagen, dass das Glück vorübergehend getrübt wird, durch unvorhergesehen Vorkommnisse.

Mit dem Blumenstrauß:

Hier werden Geschenke oder Gewinne angezeigt. Welcher Art diese sind, müssen die umliegenden Karten zeigen.

Mit der Sense:

Plötzliche negative Ereignisse gefährden deine Pläne. Momentan eine Pechsträhne.

Erhofftes Glück bleibt aus.

Mit der Rute:

Gespräche über Pläne werden sich schwierig gestalten. Aber auch: Achtsam sein, Du könntest durch Unachtsamkeit eine gute Chance verpassen.

Mit den Vögeln:

Hier zeigen sich Nachrichten an, die in den kommenden vier Wochen Freude bringen können. Mit negativen Karten kann ein in Kürze geplantes Ereignis aus irgendwelchen Gründen (dies müssen die umliegenden Karten zeigen) schief gehen oder nicht stattfinden.

Mit dem Kind:

Hier zeigen sich schöne Erlebnisse mit einem Kind oder einem jüngeren Menschen.

Aber auch Nachrichten über ein Kind oder jungen Menschen ist in den kommenden vier Wochen möglich.

Mit dem Fuchs:

In den kommenden ca. vier Wochen sollte man sehr achtsam sein vor Falschheit, oder Falschinformationen. Aber auch, man läuft dem falschen Glück hinterher.

Mit dem Bären:

Eine positive Nachricht von einem Herrn mit dunklen Haaren. Oder ein glückliches Zusammentreffen mit einem dunkelhaarigen Herrn.

Mit dem Stern:

Hier wird eine Zeit angekündigt, die viele günstige Gelegenheiten bietet. Diese Zeit wird zwar nur wenige Wochen andauern, kann aber den Grundstein legen für zukünftige positive Wendungen. Liegt eine Reisekarte dabei, so kann hier ein Seminar oder Ähnliches angekündigt werden.

Mit den Störchen:

Hier zeigt sich die Chance auf eine Reise, gesellt sich hier noch das Schiff dazu, oder liegt dies in direkter Verbindung zu den Störchen, so ist es eine Auslandsreise.

Aber auch, Positives kommt aus der Ferne.

Mit dem Hund:

Hier zeigen sich Nachrichten oder Ereignisse von/mit einem älteren Herrn. Dies kann einfach ein Mann sein, der älter ist, oder aber der Vater, der Großvater, der Chef oder aber ein Expartner.

Mit dem Turm:

Positives von einer Bank oder einer behördlichen Stelle, auch das Krankenhaus kann hier angezeigt sein, je nach Begleitkarten.

Jedoch, je nach dem auf welche Weise man die Karten deutet, ist dies auch eine der zwei karmischen Karten im Deck. Hier können Dinge aus früheren Leben angezeigt werden.

Mit dem Park:

Eine Einladung, Feierlichkeit oder ein Erlebnis in der Öffentlichkeit.

Mit dem Berg:

Etwas Geplantes geht schief. Aber auch, Wünsche die man hat, werden noch blockiert oder finden überhaupt nicht statt. Hier sollte man hinterfragen, ob alles, was man sich wünscht oder ersehnt, auch gut für einen ist.

Mit den Wegen:

Eine Glückssträhne steht bevor, während dieser man unter verschiedenen guten Möglichkeiten wählen kann.

Aber, wenn negative Karten dabei liegen, sagt es, man schaut in die falsche Richtung nach dem eigenen Glück und wählt den falschen Weg.

Mit den Mäusen:

In den kommenden ca. vier Wochen sollte man n nichts Außergewöhnliches planen, das es sehr wahrscheinlich schief gehen wird. Aber auch, erhoffte Ereignisse finden nicht statt. Auch Krankheit kann angezeigt sein, welche die eigenen Pläne verhindert.

Mit dem Herzen:

Glück in Gefühlsdingen steht bevor. Mit negativen Karten sagen Sie eher Enttäuschungen voraus.

Mit der Reiterin in Verbindung kommt in Kürze die Möglichkeit, sich neu zu verlieben.

Mit dem Ring:

Hier warten positive Erlebnisse innerhalb oder eine Beziehung betreffend. Auch eine neue Beziehung ist möglich, wenn das Kind dabei liegt. Bei Frage zu Beziehungen ist dies eine äußerst positive Karte. Jedoch muss man darauf achten, welche Karten in unmittelbarer Umgebung liegen, oder in direkter Verbindung folgen.

Mit dem Buch:

Hier geht es deutlich um positive schriftliche Dinge, die in den kommenden ca. vier Wochen auftauchen. Jedoch mit negativen Karten kann diese Kombination genau das Gegenteil aussagen.

Hauptsächlich sind hier vertragliche Dinge angesprochen.

Liegt der Anker oder die Sonne dabei, so handelt es sich um einen Arbeitsvertrag. Mit dem Haus um einen Miet- oder Kaufvertrag usw.

Mit dem Brief:

Positive Nachrichten in den kommenden vier Wochen. Liegen negative Karten dabei, dreht sich die Aussage eher ins Negative. Liegen nur positive Karten dabei, so ist es deutlich eine gute Nachricht. Folgen jedoch in direkter Verbindung etwas weiter weg negative Karten, so ist dies ein Hinweis darauf, dass man daran arbeiten muss, die positiven Seiten dieser Nachricht zu bewahren.

Mit dem Herrn:

Nachrichten in den kommenden vier Wochen von einem Mann der einem nahesteht oder dem Herzensmann.

Bitte auch hier darauf achten, dass nicht eventuelle negative Karten, die nahe dabei liegen, nicht übersehen werden.

Mit der Dame:

Nachrichten in den kommenden vier Wochen von einer Frau die einem nahesteht oder der Herzensfrau.

Bitte auch hier darauf achten, dass nicht eventuelle negative Karten, die nahe dabei liegen, nicht übersehen werden.

Mit der Lilie:

Hier werden positive erotische Kontakte angekündigt. Aber auch ein Neubeginn in einer Beziehung wäre möglich.

Liegen negative Karten dabei, sollte man in den nächsten Wochen achtsam sein bei fremden Kontakten. Mit der Sense droht hier ernsthafte Gefahr in Form eines Übergriffes, der jedoch durch die Karte der Klee, etwas abgemildert wird.

Mit den Mäusen droht Verlust im gefühlsmäßigen Bereich. Liegt hier dann noch der Baum dabei, so sollte man achtsam sein bei sexuellen Kontakten und sich hier vor Krankheiten schützen.

Mit der Sonne:

Hier werden Ereignisse in den kommenden vier Wochen angezeigt, welche eine Selbständigkeit oder einen Aufstieg im beruflichen Bereich ankündigen.

Mit dem Mond:

Alles was den Gefühlsbereich betrifft, wird hier als positiv angezeigt.

Bei negativen Karten entsprechend eher nicht so positives.

Liegt hier die Karte der Stern dabei, so zeigt sich hier eine mediale Begabung und/oder mediale Nachrichten.

Mit dem Schlüssel:

Eine hervorragende Erfolgskombination. Egal, bei welchem Thema diese Kombination auftaucht, hier werden wundervolle Nachrichten oder Ereignisse stattfinden. Dies aber nur, sofern nicht äußerst ungünstige Karten direkt dabei liegen.

Die Kombination mildert aber auch andere negative Vorhersagen deutlich ab.

Mit den Fischen:

Hier zeigen sich Gewinnchancen in den nächsten ca. vier Wochen. Aber auch berufliche erfolge oder Geldzuwachs.

Auch wertet diese Kombination jede andere Kartenkombination in mittelbarer Umgebung auf.

Mit dem Anker:

Hier zeigen sich positive Ereignisse im beruflichen Bereich.

Auch zeigt der Anker, dass eine kommende Glückssträhne länger anhalten wird.

Mit dem Kreuz:

Dies ist die zweite karmische Karte im Kartendeck:

Hier kommt es darauf an, wie man die Karten deuten möchte. Im Normalfall zeigt dies, dass man durch Anstrengung und viel Eigeninitiative nun der gewünschte Erfolg finden kann.

Im karmischen Bereich, zeigen sich nun Ereignisse welche aus früheren Leben mitgebracht wurden und die sich jetzt im Positiven zeigen könnten.

Auf diese Karte gehe ich in den Kartenbeschreibungen deutlicher auf die karmische Seite ein.

3. Das Schiff

Mit dem Haus:

Hier wird ein nahender Umzug gezeigt. Wie dieser verläuft, sollten die umliegenden Karten anzeigen.

Mit dem Baum:

Eine Reise der Gesundheit wegen. Mit positiven Karten wird die Reise harmonisch.

Mit negativen Karten kann die Kombination auch aussagen, dass eine Reise wegen einer Erkrankung oder aus anderen Gründen nicht stattfindet oder unterbrochen wird.

Mit den Wolken:

Hier könnten Probleme auf einer Reise angezeigt werden.

Mit Karten wie z.B. den Mäusen, den Ruten, kann ein Problem mit einem Fahrzeug angekündigt werden.

Liegt die Sense dabei, wird hier vor einem Unfall gewarnt.

Mit der Schlange:

Auslandsbeziehungen- oder Handelsbeziehungen mit einer Frau.

Oder geschäftliche Beziehungen zu einer ausländischen Dame.

Probleme auf Reisen durch Fehlinformationen. Achtung bei Dingen die mit dem Ausland in Verbindung stehen.

Mit dem Sarg:

Negative Nachrichten von weiter her oder aus dem Ausland. Aber auch Gefahr auf Reisen. Hier muss auf die Nachbarkarten geachtet werden.

Liegt eine Geldkarte dabei und noch andere positive Karten, sowie der Turm, kann es sich hier um eine Erbschaft handeln.

Mit dem Blumenstrauß:

Eine Einladung oder ein Geschenk aus dem Ausland oder wenn Personenkarten dabei liegen, von einer ausländischen Person.

Mit der Sense:

Hier wird eindeutig Gefahr auf Auslandsreisen angezeigt. Liegen Personenkarten dabei, kann dies eine Warnung sein vor einer ausländischen Person. Liegt eine Geldkarte dabei, so droht größerer finanzieller Verlust im Ausland oder durch ausländische Personen.

Mit den Ruten:

Ein Gespräch welches sich um ausländische Belange dreht. Aber auch einfach, ein Gespräch über eine Reiseplanung.

Mit den Vögeln:

Dies zeigt einen Kurzurlaub, der aber ins Ausland führt.

Liegt hier eine Arbeitskarte dabei, so kann ein berufliches Angebot im Zusammenhang mit dem Ausland erwartet werden.

Mit dem Kind:

Hier kann es einfach bedeuten, dass ein Kind eine Reise antritt. Wie diese Reise verläuft, zeigen die umliegenden Karten.

Aber auch Nachricht von einem jungen Menschen aus dem Ausland.

Des Weiteren kann hier ein Neubeginn im Ausland angezeigt werden. Mit dem Haus dabei handelt es sich um eine Auswanderung.

Mit dem Fuchs:

Vorsicht vor ausländischen Personen, hier droht Falschheit.

Mit positiven Karten jedoch, könnte ein sehr wertvoller Impuls oder Ratschlag, von einer ausländischen Person gemeint sein.

Mit dem Bären:

Hier wird einfach ein ausländischer Mann beschrieben. Oder aber man lernt einen dunkelhaarigen Herrn auf Reisen kennen. Des Weiteren zeigt diese Kombination an, in Verbindung mit Gefühlskarten an, dass ein dunkelhaariger- oder ausländischer Mann ins Leben kommt, der einem tief beeindrucken wird und hier vielleicht eine Partnerschaft entstehen kann.

Mit dem Stern:

Diese Kombination zeigt mediale Durchgaben an. Mit dem Baum dabei berichten die Karten davon, dass man selbst spirituelle Talente besitzt. Welcher Art diese sind, müssen die umliegenden Karten zeigen.

Jedoch kann hier auch angekündigt werden, dass im spirituellen Bereich Neues auf einem zukommt.

Mit den Störchen:

Hier wird eindeutig eine Flugreise angezeigt.

Wie diese verläuft, zeigen die umliegenden Karten an.

Mit dem Hund:

Hier zeigt sich eine Reise, die man mit oder zu einem älteren Menschen oder einem Freund antritt.

Aber auch, Auslandskontakte zu einem älteren Herrn.

Mit Gesundheitskarten wird hier auch ein Arzt angezeigt, der erfolgversprechende Behandlungsmethoden anbietet. Ob diese hilfreich sein können, zeigen die umliegenden Karten an.

Mit dem Turm:

Dies ist eine sehr karmische Kombination.

Zum einen kann es aussagen, dass man Einblicke in frühere Existenzen bekommt oder aber, im Ausland Déjà-vu-Erlebnisse hat.

Zum anderen kann diese Kombination eine längere Phase anzeigen, in welcher karmische Angelegenheiten ins Bewusstsein gehoben werden.

Liegt eine Personenkarte dabei, so kann man davon ausgehen, dass man auf jemanden trifft, den man aus früheren Leben kennt.

Mit dem Park:

Eine Einladung ins Ausland oder eine Feierlichkeit, die im Ausland stattfinden soll.

Mit dem Berg:

Auch hier wird vor Auslandsreisen gewarnt. Man sollte diese nach Möglichkeit verschieben, da hier einige Probleme drohen.

Aber auch, Probleme mit dem Ausland oder einer ausländischen Person könnten anstehen.

Mit den Wegen:

Man muss eine Entscheidung treffen zwischen zwei Möglichkeiten.

Oder aber eine Reise, welche in zwei verschiedene Länder führt.

Auch, eine Reise ins Ausland, die man im eigenen Auto begeht. Liegt hier die Sense dabei, so wird vor einen Unfall oder einer Autopanne gewarnt.

Mit der Sense, den Mäusen wird vor einem Unfall auf einer Autobahn oder Schnellstraße gewarnt.

Mit den Mäusen:

Eine Reise wird wegen Krankheit abgesagt, oder man wird während einer Reise krank.

Aber auch, eine neue Art Virus erwischt einem.

Mit dem Herz:

Eine Liebeserklärung von weit her.

Oder man verliebt sich während einer Auslandsreise- oder in einen ausländischen Menschen.

Aber auch, wenn die Sonne dabei liegt, verlieben über das Internet.

Mit dem Ring:

Hier wird eine enge Verbindung in das Ausland angezeigt. Oder eine Heirat im Ausland. Mit einer entsprechenden Personenkarte bezeichnet die Kombination eine feste Beziehung zu einem Menschen im oder aus dem Ausland.

Auch, eine Hochzeitsreise. Oder eine vertragliche Bindung, das Ausland betreffend.

Mit dem Buch:

Ein Vertrag oder eine Abmachung in Verbindung mit dem Ausland oder einer ausländischen Person.

Reiseunterlagen oder eine Reisebuchung.

Aber auch, Talent zum medialen Schreiben.

Mit dem Brief:

Nachrichten aus dem Ausland.

Mit dem Herrn:

Der Herzensmann oder der Ratsuchende ist Ausländer oder hat viel mit dem Ausland zu tun.

Mit der Frau:

Die Herzensdame ist Ausländerin oder hat viel mit dem Ausland zu tun.

Mit den Lilien:

Auf Reisen knüpft man erotische Kontakte.

Aber auch ein Hinweis, dass im Bereich der Sexualorgane Veränderungen stattfinden. Hier sollte besonders darauf geachtet werden, ob eine Gesundheitskarte dabei liegt.

Des Weiteren kann diese Karte außergewöhnliche erotische Erlebnisse ankündigen.

Mit der Sonne:

Reise im Sommer. Oder Reise in ein heißes Land.

Aber auch, das Internet oder andere moderne Medien.

Da das Schiff aber auch die Karte für große Fahrzeuge ist, kann die Kombination auch ein Hinweis darauf sein, vor einer Abreise, sein Fahrzeug gründlich überprüfen zu lassen. Hier besonders die Batterie und alles was mit der Stromversorgung am Fahrzeug zu tun hat.

Mit dem Mond:

Hier können Träume angezeigt sein, welche wichtige Botschaften übermitteln. Aber auch mediale Talente.

Auch eine Reise wird aus Sehnsucht angetreten. Oder sofern man im Ausland ist, kann diese Kombination auch von Heimweh berichten.

Manchmal bedeutet diese Kombination auch, dass man Fernweh hat.

Mit dem Schlüssel:

Das Glück wartet im Ausland oder kommt von dort.

Auch Gewinn auf Reisen oder einfach eine erfolgreiche Reise.

Mit den Fischen:

Geld aus dem Ausland oder durch ausländische Geschäftsbeziehungen.

Auch Geldgewinn im Ausland, oder wenn das Kleeblatt dabei liegt, gewinnt man eine Reise.

Oder aber, im- oder durch das Ausland wartet der lange ersehnte geschäftliche und somit auch finanzielle Erfolg.

Mit dem Anker:

Berufliche Chancen im oder durch das Ausland oder durch eine ausländische Person.

Das Kreuz:

Das Schicksal begegnet einem im Ausland, oder in Verbindung mit dem Ausland.

Mit Karten wie den Mäusen oder den Wolken, warten Probleme und Sorgen wegen Auslandsverbindungen.

Mit einer Personenkarte und negativen Karten kann man aussagen, dass durch eine ausländische Person Probleme auf einem zukommen.

Mit einer Personenkarte und Gefühlskarten kommt eine schicksalhafte Begegnung im Ausland oder durch eine ausländische Person auf einem zu.

4. Das Haus

Mit dem Baum:

Hier wird dein Körper angezeigt. Alles was um diese Kombination liegt, sagt dir, was gerade wichtig für dich ist und was Du beachten solltest, um gesund zu bleiben oder zu werden.

Aber es ist auch die Kombination für das Alter, den Ruhesitz, die Rentenzeit. Je nach beiliegenden Karten ist die Zukunft in diesen Bereichen zu deuten.

Mit den Wolken:

Hier kommen Probleme ins Zu/Haus(e). Oder negative Nachrichten liegen ins Haus.

Mit der Schlange:

Hier wird entweder die Gesundheit angesprochen, siehe auch „Krankheiten in den Karten“, oder es ist ein Hinweis darauf, dass mehr auf die Gesundheit geachtet werden soll. Aber auch eine ältere Frau welche ins Haus kommt, auch hier zeigen die anderen Karten Näheres dazu an.

Mit dem Turm kann auch eine Ärztin angezeigt sein, oder in seltenen Fällen, wenn der Fuchs dabei liegt, eine falsche ärztliche Behandlung.

Mit dem Sarg:

Ein Trauerfall innerhalb der Familie, aber auch, schwere Krankheit könnte drohen. Hier die umliegenden Karten genau beachten. Aber auch etwas muss gehen, damit Neues im Heim oder in der näheren Umgebung wachsen kann.

Mit den Fischen:

Erfolgsnachricht oder Geld kommt ins Haus. Auch Geld für ein Haus, mit dem Buch ein Hausverkauf. Liegen überwiegend negative Karten dabei, kann sich anfängliches Glück sehr schnell auflösen.

Mit der Sense:

Schrecken Zuhause. Unfall im häuslichen Bereich. Schocknachricht aus dem engeren Umfeld. Mit der Sonne eine Gefahrenquelle im Haus, die Feuer oder Strom betrifft. Mit der Schlange, eine Gefahrenquelle im Bereich von Leitungen oder Rohren usw.

Mit den Ruten:

Familienstreitigkeiten. Differenzen wegen einem Haus oder wegen einem privaten Besitz.

Handgreiflichkeiten im eigenen Heim. Mit dem Ring dabei, Ehestreit, der ausarten kann.

Mit den Vögeln:

Neuigkeiten und eher positive Unruhe stehen ins Haus. Aber auch, Nachrichten aus der Nähe. Überraschender Besuch. Sowie allgemeine Veränderungen, im kleineren Rahmen.

Mit dem Kind:

Nachrichten ein Kind betreffend. Aber auch ein wichtiges Ereignis welches ein Kind oder einen jungen Menschen betrifft, steht ins Haus. Auch ein Neubeginn im privaten Bereich kann hier angezeigt werden. Je nach umgebenen Karten kannst Du die Tendenz erkennen.

Mit dem Fuchs:

Warnung vor Falschheit oder Raffinesse im unmittelbaren Umfeld.

Mit dem Bären:

Ein dunkelhaariger Mann kommt ins Haus/Heim. Was genau er zu sagen hat, zeigen die umliegenden Karten. Mit den Ruten könnte es ein Handwerker sein, mit dem Klee Mann der eine Glücksnachricht bringt usw.

Mit den Sternen:

Hier wird ein friedliches Zuhause gezeigt, sofern positive Karten im Umfeld liegen. Mit negativen Karten kann es bedeuten, dass die Harmonie Zuhause kurzfristig gestört wird. Aber mit einer Berufskarte wie z.B. dem Anker kann es auch aussagen, dass man einen spirituellen Beruf von Zuhause aus ausübt.

Mit den Störchen:

Veränderung im Heim oder Umzug.

Mit dem Hund:

Hier kann tatsächlich ein Haustier gemeint sein, oder aber, dass eine befreundete Person ins Haus/Heim kommt. Mit dem Park spricht die Kombination für eine Party oder Ähnliches. Mit den Ruten zeigt es an, dass ein Freund/Bekannter für ein wichtiges Gespräch ins Zuhause kommt.

Mit dem Turm:

Behördliche Nachrichten liegen ins Haus. Oder aber ein

Krankenhausaufenthalt, sofern der Baum in der Nähe liegt.

Mit dem Park:

Eine private Einladung im privaten Rahmen. Aber auch, eine Einweihungsfeier.

Mit dem Berg:

Familiäre Probleme. Aber auch Probleme eine Wohnung oder Haus betreffend. Welcher Art diese sind, sollten die umliegenden Karten zeigen.

Mit den Wegen:

Hier steht eine Entscheidung an, welche dein Zuhause oder eine andere Wohnung betreffen. Auch wird diese Entscheidung nicht leicht sein, da richtig und falsch hier nahe beieinanderliegen. Je nach Begleitkarten kann man sagen, wie es läuft und wie es ausgeht.

Mit den Mäusen:

Ein Verlust Zuhause. Etwas geht kaputt, wir verloren oder entwendet. Auch eine Reparatur kann hier angezeigt werden.

Mit dem Herzen:

Hier wird ein sehr harmonisches Familienleben gezeigt. Sind keine negativen Karten vorhanden, so wird hier eine Familie oder eine Partnerschaft gezeigt, welche angenehme, glückliche und positive Zukunft vor sich hat. Negative Karten in direkter Umgebung verändern die Aussage wieder entsprechend.

Mit dem Ring:

Geht es hier um eine Partnerschaft, so sind die Tendenzen positiv, außer negative Karten zeigen hier eine andere Aussage an.

Aber hier zeigt sich auch, dass sofern man noch Single ist, die Liebe kurz bevorsteht und man jemanden kennenlernen wird, mit dem man sofort einen Kontakt eingehen und sich besuchen wird.

Mit dem Buch:

Ein Ehevertrag. Liegt die Kombination bei Geldkarten, so kann hier auch ein Kaufvertrag für ein Haus/Wohnung gezeigt werden.

Auch ein Zusammenziehen, sofern die Störche oder das Schiff dabei liegen kann gezeigt werden.

Mit dem Brief:

Eine liebevolle Nachricht wird kommen.

Allerdings, wenn die Mäuse dabei liegen, so kann es auch aussagen, dass eine erwartete Nachricht nicht kommen wir.

Mit dem Herrn:

Der Fragesteller oder die Hauptperson besitzt ein Haus oder eine Eigentumswohnung oder strebt dies an.

Aber auch, eine gemeinsame Zukunft mit dem Mann des Herzens.

Mit der Dame:

Die Fragestellerin und/oder die weibliche Hauptperson, besitzt ein Haus oder eine Eigentumswohnung, oder strebt dies an.

Aber auch, eine gemeinsame Zukunft mit der Frau des Herzens.

Mit den Lilien:

Hier wird eine erotische Beziehung gezeigt. Allerdings wenn stabilisierende Karten hier fehlen, und Karten wie der Fuchs, die Ruten in er unmittelbaren Umgebung liegen, zeigt die Kombination an, dass es über eine erotische Beziehung nicht hinausgehen wir.

Mit der Sonne:

Hier liegt einfach Glück ins Haus.

Mit dem Mond:

Je nach Begleitarten sagt der Mond hier aus, ob man in seinem Zuhause glücklich ist oder eher nicht.

Mit dem Schlüssel:

Diese Kombination sagt aus, dass man ein eigenes Heim anstrebt und dies auch erreichen wird.

Mit den Fischen:

Dies zeigt eine sichere private Basis an, welche man sich erarbeitet, und/oder aufgebaut hat. Liegen Verlustkarten in der Nähe, so kann es bedeuten, dass diese Sicherheit am Wanken ist.

Mit dem Anker:

Diese Kombination sagt aus, dass man im Grunde sehr mit der Heimat und/oder der eigenen Familie verwurzelt ist.

Mit dem Kreuz:

Hier wird evtl. ein gläubiges Gebäude angezeigt, wie z.B. eine Kirche oder ein Gebetsraum etc. Aber auch der Glaube allgemein kann mit dieser Kombination angezeigt werden.

5. Der Baum

Mit den Wolken:

Gesundheitliche Probleme.

Mit der Schlange:

Gesundheitliche Probleme bei einer älteren weiblichen Person. Aber auch, eine Frau, die sehr verwurzelt ist. Auch kann diese Kombination eine uralte Weisheit anzeigen, je nachdem welche Karten noch dabei liegen.

Mit dem Sarg:

Zerrüttetes Seelenleben. Ängste und Phobien können hier angezeigt werden. Jedoch kann diese Kombination auch vor etwas warnen, was der eigenen Gesundheit oder Seelenwohl abträglich ist.

Mit den Blumen:

Hier wir die Natur angezeigt. Auch die Notwenigkeit, sich der Natur und dem Ursprünglichen wieder mehr zuzuwenden.

Aber auch, ein besonderes Geschenk, wie z.B. eine Unternehmung oder etwas, dass mit Natur in Verbindung steht.

Mit der Sense:

Starke gesundheitliche Probleme. Oder plötzliche Gefahr für Seele und Gesundheit. Aber auch, eine Operation könnte anstehen.

Mit den Ruten:

Bewegung im Freien. Aber auch Gespräche die befreien.

Mit den Vögeln:

Abwechslung kommt in den Alltag. Jedoch auch Nervosität und Aufregung ohne tieferen Grund.

Mit dem Kind:

Man denkt über eine Familiengründung nach. Aber auch, ein Kind oder junger Mensch ist oder wird krank.

Mit dem Fuchs:

Hier liegt eine Warnung vor Menschen, die sich ganz anders zeigen, als sie wirklich sind. Man spiegelt dir etwas vor, dass ganz anders ist.

Aber auch, Warnung, besonders wenn die Sonne in Verbindung liegt, vor einem Guru oder angeblichen Heilsbringer. Seine Infos dienen nur dazu, dich zu erleichtern oder abhängig zu machen.

Mit dem Bären:

Stabilität im Leben. Erfolg durch eigene Kraft. Gute Gesundheit. Aber auch, Gründung eines kleinen Unternehmens.

Mit den Sternen:

Eine spirituelle Kombination. Hier wird angezeigt, dass der spirituelle Weg eher im Bereich Naturheilkunde, Schamanismus, Kräuterkunde, der einfach der alte Weg sein sollte.

Mit den Störchen:

Stabilität kommt erst nach einer größeren Veränderung.

Aber auch, Reise in eine ländliche und/oder wilde Umgebung.

Mit dem Hund:

Die Liebe zu einem Tier gibt Halt im Leben.

Aber auch, man sollte sich wieder auf wahre Werte innerhalb von Freundschaften und den zwischenmenschlichen Beziehungen etc. besinnen.

Mit dem Turm:

Ein Arzt oder ein Krankenhausaufenthalt.

Oder aber, eine negative Nachricht erschüttert einem tief.

Mit dem Park:

Aufenthalt in der Natur.

Aber auch festliche Aktivitäten in einer natürlichen Umgebung.

Mit dem Berg:

Gesundheitliche Probleme. Aber auch Probleme oder Sorgen wegen der Familie.

Mit den Wegen:

Zwei Möglichkeiten werden sich auftun, die aber beide vorteilhaft sind, sofern positive Begleitkarten da sind. Wenn negative Karten dabei liegen, dann sollte man sich momentan für nichts entscheiden, da egal wie man entscheidet, Nachteile kämen.

Mit den Mäusen:

Krankheit, oder Verlust der Stabilität im Leben.

Mit dem Herzen:

Eine Liebe mit Zukunft. Aber auch, Liebe zur Natur.

Mit dem Ring:

Partnerschaft. Gründung einer Lebensgemeinschaft. Dauerhafte Beziehung.

Mit dem Buch:

Verschlossenheit. Ein Mensch, der vieles für sich behält. Familiengeheimnisse.

Mit dem Brief:

Nachricht, die das Leben verändern kann. Gesundheitliche Informationen.

Mit dem Herrn:

Der Fragesteller oder Herzensmann ist sehr naturverbunden. Oder er lebt auf dem Land. Mit dem Anker hat er einen Beruf, der mit Gesundheit oder Natur zu tun hat.

Mit der Dame:

Die Fragestellerin oder Herzensfrau ist sehr naturverbunden. Oder sie lebt auf dem Land. Mit dem Anker hat sie einen Beruf, der mit Gesundheit oder Natur zu tun hat.

Mit den Lilien:

Hier wird eine starke erotische Anziehung gezeigt. Wie diese gelebt wird müssen die umliegenden Karten zeigen. Auch Verklemmtheit im Umgang mit dem anderen Geschlecht kann angezeigt werden.

Mit der Sonne:

Urlaub in einer ländlichen Gegend. Allgemein gute Zukunftsaussichten bei den Themen, welche in direkter Verbindung mit dieser Kombination liegen.

Solide Grundmauern, sofern keine negativen Karten in der Nähe liegen.

Mit dem Mond:

Wahrträume. Spirituelle Talente. Je nachdem welche Karten in der Nähe liegen, lässt sich sagen, in welche Richtung dieses Talente gehen.

Aber auch, je nach beiliegenden Karten, seelische Probleme. Oder aber, Sorgen lösen sich auf.

Mit dem Schlüssel:

Eine Glückskombination, die sofern positive Karten dabei liegen, dass man einen sehr positiven Lebensabschnitt beginnt oder begonnen hat. Geplante Veränderungen sind auf alle Fälle sehr positiv zu bewerten. Auch wenn negative Karten in direkter Verbindung liegen, kann man mit Umsicht gute Resultate erzielen. Die negativen Karten weißen hier zumeist daraufhin, dass man sein Glück schätzen soll. Nur mit vielen negativen Karten ist die Kombination auch negativ zu bewerten.

Mit den Fischen:

Ein Kredit oder eine längerfristige finanzielle Verpflichtung. Aber auch, eine solide finanzielle und/oder berufliche Basis für die Zukunft.

Mit dem Anker:

Hier werden die eigenen Wurzeln gezeigt. Was möchte vom Familienerbe gelebt werden und was sollte man ablegen. Hier geben die umliegenden Karten deutlichere Auskunft.

Mit dem Kreuz:

Man ist stark in der eigenen Herkunftsfamilie involviert, ob positiv oder negativ müssen die umliegenden Karten zeigen. Aber auch, die eigene Herkunftsfamilie mischt sich zu sehr ins eigene Leben ein.

6. Die Wolken

Mit der Schlange:

Probleme durch eine Frau verursacht oder aber Probleme, die unterwegs auftauchen. Je nach beiliegenden Karten aber auch, falsche Entscheidung.

Mit dem Sarg:

Sehr schlechte Nachrichten oder abschlägiger Bescheid.

Mit den Blumenstrauß:

Ein erwartetes Geschenk kommt nicht. Auch man denkt zu glauben, man bekomme nicht wirklich, was man verdiene. Ob dies stimmt, zeigen die umliegenden Karten am.

Aber auch, eine erwartete Belohnung oder Anerkennung kommt nicht.

Mit der Sense:

Plötzliche Krankheit, mit Fieber. Oder eine Verletzung. Aber auch Unfallgefahr.

Mit den Ruten:

Streitgespräche oder unnütze zu nichts führende Diskussionen.

Mit den Vögeln:

Eine Nachricht lässt nachdenklich werden. Oder aber man überlegt, ob man eine Nachricht senden soll. Ob Ja oder Nein sollten die umliegenden Karten sagen können.

Mit dem Kind:

Sorgen um oder wegen einem jungen/jüngeren Menschen.

Mit dem Fuchs:

Achtung vor falschen Informationen. Aber auch die Warnung selbst keine falschen Informationen zu verbreiten. Auch Warnung vor Raffinesse, wenn Personenkarten in der Nähe liegen.

Mit dem Bär:

Ein Mann mit Problemen, oder Probleme durch einen dunkelhaarigen Mann. Liegen Karten dabei die das Ausland symbolisieren, so bedeutet dies, dass es Probleme geben wird, durch oder wegen einer ausländischen Person.

Mit den Sternen:

Kommunikation ist unterbrochen oder blockiert. Aber auch seine eigene Intuition missachten. Auch kein Glück in befragter Angelegenheit.

Mit den Störchen:

Schlechte Nachrichten oder Absagen von weit her, z.B. auch aus dem Ausland.

Aber auch Probleme wegen einer Reise, oder Sorgen wegen etwas weit Entferntem.

Mit dem Hund:

Eine ältere Person, oder ein Freund haben Sorgen.

Oder auch schlechte Neuigkeiten und/oder Nachrichten durch einen Freund, älteren Herrn, oder Chef usw.

Mit dem Turm:

Nachrichten von einer öffentlichen oder staatlichen Stelle. Auch Krankenhaus.

Mit dem Park:

Eine Einladung oder eine Feierlichkeit findet nicht statt, wird widerrufen oder gestört.

Die Gründe hierfür zeigen die umliegenden Karten.

Aber auch negative Nachrichten aus der Gesellschaft.

Mit dem Berg:

Probleme werden schöngeredet oder aufgebauscht, je nachdem, welche Karten an beiliegen. Aber auch Probleme oder Sorgen werden nicht beachtet bis sie sich zu hoch auftürmen.

Mit den Wegen:

Schwierigkeiten den eigenen Weg zu finden. Auf Abwege geraten, den falschen Weg wählen. Sich falsche Entscheidungen aufdrängen lassen. Aber auch Gutgläubigkeit in entscheidenden Situationen und dass daraus Konsequenzen folgen können.

Mit den Mäusen:

Krankheit (siehe Kapitel Krankheiten). Auch Verluste.

Mit dem Herzen:

Liebeskummer. Sorgen im gefühlsmäßigen Bereich. Aufgewühlt sein.

Mit dem Ring:

Probleme in der Partnerschaft. Aber auch Probleme und Sorgen wegen bindender Angelegenheiten wie z.B. Verträge, Abmachungen usw.

Mit dem Buch:

Vorsicht bei Verträgen oder Vereinbarungen. Auch Ärger wegen solcher Dinge.

Mit dem Brief:

Hier wird eine Nachricht doppelt angezeigt. Dies bedeutet, dass eine erhoffte Nachricht auf alle Fälle kommen wird. Aber auch, dass eine sehr wichtige Nachricht oder Information im Kommen ist.

Mit dem Herrn:

Eine Nachricht den Fragesteller direkt oder den Herzensmann betreffend.

Mit der Dame:

Eine Nachricht oder Information die Fragestellerin oder die Herzensdame direkt betreffend.

Mit der Lilie:

Informationen eine Gefühlsangelegenheit betreffend, die eher negativ sein werden.

Aber auch eine Kombination, welche Untreue oder Unehrlichkeit im Bereich Gefühle betrifft.

Mit der Sonne:

Sorgen und/oder Probleme lösen sich auf oder werden zur Zufriedenheit geklärt werden.

Mit den Sternen:

Medialität ist gestört, oder aber man überschätzt seine Talente in diesem Bereich.

Aber auch, Nachrichten welche verwirren.

Sowie Alpträume und negative Vorahnungen.

Mit dem Schlüssel:

Je nachdem welche Karten dabei liegen, werden Lösungen für langwierige Probleme gefunden und das Glück kehrt zurück, oder aber man steht seinem eigenen Glück im Weg. Jedoch auch es kann kurzfristig schwierige Zeiten im finanziellen/beruflichen Gebiet geben, aber auch allgemein eine Phase, in der das Glück sich eher versteckt.

Mit den Fischen:

Finanzielle Sorgen stehen bevor. Jedoch wenn positive Karten dabei liegen, kann es auch aussagen, dass es finanzielle nun endlich wieder bergauf geht.

Mit dem Anker:

Im beruflichen Bereich kommen Nachrichten oder Informationen, welche etwas problematisch sein können.

Aber auch es kann innerhalb einer Verbindung zu Problemen kommen. Hier müssen die umliegenden Karten Näheres zeigen.

Mit dem Kreuz:

Alles was momentan an negativen im Umfeld stattfindet, soll/kann einem etwas lehren. Negatives geschieht nicht umsonst, sondern soll dem charakterlichen Wachstum dienen.

7. Die Schlange

Mit dem Sarg:

Schwere Erkrankung aber auch starkes seelisches Leid.

Mit den Blumenstrauß:

Ein Geschenk mit Hintergedanken. Oder auch, man lenkt durch positives und schönes Verhalten von falschen Beweggründen ab.

Vorsicht bei Geschenken, Einladungen usw. hier könnten Hintergedanken dabei sein.

Mit der Sense:

Plötzliche Krankheit, mit Fieber. Oder eine Verletzung. Aber auch Unfallgefahr. Es kommt immer darauf an, welche Karten in unmittelbarere Nähe oder aber in der direkten Verbindung liegen. Gerade hier sind die direkten Verbindungen wichtig, da diese zeigen, wohin eine kleine Lüge, oder eine Falschheit am Ende (über die ganze direkte Verbindung gesehen) führen wird.

Mit den Ruten:

Hier werden kluge Gespräche angezeigt. Aber auch vor Lügen gewarnt, je nach umliegenden Karten, kann man sagen, ob diese Kombi positiv oder negativ ist. Meist wird es so sein, dass sie auf einer Seite Positives anzeigt und dafür in ein anderes Thema hinein vielleicht negatives und Warnungen, in Bezug auf Worte und Abmachungen.

Mit den Vögeln:

Nachrichten, die unterwegs sind jedoch bei denen noch

Verzögerungen auftreten können. Aber auch, Achtung vor Informationen von einer Frau, diese könnten falsch sein. Ob dies bewusst oder unbeabsichtigt so ist, müssen die umliegenden Karten zeigen.

Mit dem Kind:

Pubertäres Verhalten. Bei wem sollten die Karten in der näheren Umgebung zeigen.

Aber auch, sofern der Baum und/oder die Mäuse dabei liegen Krankheit bei einem jungen Menschen.

Mit dem Fuchs:

Hier geht es um gezielte Falschinformationen um zu schaden und um eine deutliche Warnung besonders Frauen nicht ungeprüft zu glauben. Hier sollte darauf geachtet werden, welche Themen in der Nähe liegen, um sagen zu können woher die Falschheit kommt. Besondere Beachtung sollten hier alle Personenkarten bekommen, die in unmittelbarere Nähe liegen.

Mit dem Bär:

Hier gibt es die Möglichkeit, dass Dir eine weibliche Person angezeigt wird, welche in irgendeiner Weise über Dir steht, z.B. als Chefin/Ausbilderin/Lehrerin usw.

Aber auch ein Mann mit sehr weiblichen Attributen oder Verhaltensweisen, aber auch mit einem sehr weichen Körper.

Jedoch auch das Gegenteil kann der Fall sein, eine Dame, die sehr männlich erscheint und bei der die weibliche Weichheit fehlt.

Auch ein Mensch, der einfach sehr naturverbunden ist und sich gerne im Freien aufhält, könnte hier dargestellt werden. Es kommt darauf an, welche Karten im Umfeld liegen.

Eine besondere Bedeutung kommt dieser Kombination im spirituellen Bereich zu, sollten sich der Baum sowie der Mond in der Nähe befinden und irgendwie Kontakte zu dieser Kombination aufweisen, so handelt es sich hier um einen Menschen mit starken schamanischen Fähigkeiten.

Mit den Sternen:

Hier wird angezeigt, dass in der Person, welche in der Nähe liegt, oder um die gefragt wird, ein tiefes Wissen schlummert, welches diese unbedingt nutzen sollte. Hier geht es um alle möglichen Lebensbereiche und die umliegenden Karten müssten hier die Richtung aussagen.

Man kann anhand dieser Kombination berufliche oder sonstige Talente erkennen.

Jedoch mit Karten dabei, wie z.B. die Mäuse, die Schlange usw. kann hier auch eine Warnung liegen, sich selbst und sein Können nicht zu überschätzen.

Mit den Störchen:

Hier wird eine Reise angezeigt, welche über Land stattfindet. Also keine Flug und/oder Schiffsreise. Aber auch Vorsicht vor allem was momentan von weit herkommt, egal ob Nachrichten, Menschen oder Ereignisse. Die umliegenden Karten müssten mehr Auskunft geben können.

Mit dem Hund:

Vorsicht bei einer älteren Person. In welche Richtung die Warnung geht, sollten die umlegenden Karten aussagen können.

Aber auch Krankheit im Bereich vom Darm oder Ähnlichem. Siehe Kapitel „Krankheiten in den Karten“.

Mit dem Turm:

Eine weibliche Person, die mit Behörden zu tun hat. Aber auch ACHTUNG es könnte dich jemand anschwärzen wollen.

Mit dem Park:

Alles was mit der Öffentlichkeit zu tun hat, sollte mit Vorsicht und Bedacht angegangen werden. Aber auch ein Vorkommnis mit einer Dame in der Öffentlichkeit, um was genau es geht, sagen wie immer die umliegenden Karten aus.

Mit dem Berg:

Hier kann es sein, dass eine ältere Dame versucht jemandem anderen Steine in den Weg zu legen, ihm/ihr das Leben schwer zu machen. Liegen aber eher positive Karten anbei, so kann es bedeuten, dass man bei Problemen Hilfe von einer älteren Frau bekommt. Aber auch Probleme bei einer älteren weiblichen Person. Auch Krankheit kann hier angezeigt werden.

Mit den Wegen:

Es werden zu befragtem Thema noch Umwege auf den/die Fragesteller/in zukommen. Aber auch, sich verirren, dies nicht nur im Straßenverkehr, sondern auch ein bestimmtes Thema (welches die anderen Karten anzeigen sollten), kann hier gemeint sein. Man lässt sich nicht raten, sondern geht in die Irre.

Auch eine kurze Reise über Land kann hier angezeigt sein.

Mit den Mäusen:

Hier ist besonders darauf zu achten, ob eine Erkrankung angezeigt wird (siehe Kapitel Krankheiten).

Ansonsten zeigt diese Kombination Verluste und Ärger an. Hier könnte dann auch eine Frau involviert sein. Aber auch, durch Lügen (ob eigene oder von anderen zeigen die umliegenden Karten) wird großer Schaden angerichtet werden. Welches Thema es genau betrifft, sollten die Nachbarkarten deutlicher zeigen.

Mit dem Herzen:

Je nach Karten, die dabei liegen Liebeskummer oder aber gute Nachrichten in der Liebe, die allerdings auf Umwegen zu einem finden.

Auch Gefühle für oder von einer älteren Dame.

Die Schlange kann aber bei Liebesfragen auch die Ex-Partnerin bedeuten und die umliegenden Karten verdienen somit besondere Aufmerksamkeit.

Mit dem Ring:

Auf Umwegen in eine Beziehung finden.

Aber auch Beziehung für- oder mit eine/r ältere Frau.

Aber auch hier, die Karten genauer untersuchen, ob hier vielleicht nicht oder auch, die Expartnerin oder eine Rivalin angezeigt wird.

Mit dem Buch:

Achtung bei Verträgen, hier droht Falschheit und/oder Verlust.

Mit dem Brief:

Falsche Informationen. Ob diese bewusst oder ungewollt weitergetragen werden, müssen die umliegenden Karten zeigen.

Mit dem Herrn:

Bei dem Fragesteller oder beim Herzensmann ist noch eine andere weibliche Energie zu erkennen, welche in seinem Leben noch von Wichtigkeit ist. Dies kann eine Ex-Partnerin, eine Geliebte, die Mutter usw. sein. Liegen Karten dabei, welche für das Seelenleben stehen, so hat dieser Herr, in seinem Inneren mit einer bestimmten weiblichen Energie noch nicht wirklich abgeschlossen. Hier wäre noch einiges an Aufarbeitung notwendig.

Mit der Dame:

Bei der Fragestellerin oder bei der Herzensfrau ist noch eine andere weibliche Energie zu erkennen, welche in seinem Leben noch von Wichtigkeit ist. Dies kann eine Ex-Freundin, eine Schwester, die Mutter usw. sein. Liegen Karten dabei, welche für das Seelenleben stehen, so hat diese Frau, in ihrem Inneren mit einer bestimmten weiblichen Energie noch nicht wirklich abgeschlossen. Hier wäre noch einiges an Aufarbeitung notwendig. Auch kann es bedeuten, dass diese Frau noch nicht wirklich erwachsen ist, es stecken noch viele unreife Verhaltensweisen in ihr.

Mit der Lilie:

Achtung bei sexuellen Kontakten. Aber auch, erotische Anziehung oder Kontakte zu einer Frau.

Mit der Sonne:

Unklarheiten und auch Lügen klären sich auf und werden aufgelöst.

Mit den Sternen:

Dies ist zum einen eine sehr spirituelle Kombination, die anzeigt, dass uraltes Wissen in der Person lebt, welche hier dargestellt wird. Oder aber, mit negativen Karten, wird man gewarnt davor, im spirituellen Bereich zu sehr abzuheben und sich nicht selbst zu überschätzen. Auch Falschinformationen.

Mit dem Schlüssel:

Hier gibt es verschiedene Möglichkeiten.

Zum einen kann es sagen, dass eine Frau einem fördert und weiterhilft. Zum anderen, dass man selbst seine weiblichen Energien (die sehr wohl auch ein Mann besitzt) mit Erfolg umsetzen kann.

Aber auch, dass es bis zum endgültigen Erfolg oder Glück noch einiges an Umwegen gibt.

Nur mit sehr negativen Karten, die in der Überzahl rundherum liegen müssen, sagt es aus, dass man das Glück betreffend auf dem falschen Weg ist, oder einem noch Falschheit begegnen wird.

Mit den Fischen:

Falschheit oder Falschinformationen im finanziellen Bereich.

Auch fehlende Informationen könne schaden.

Mit dem Anker:

Der berufliche Erfolg kommt auf Umwegen. Oder aber, je nach Begleitkarten, neue Wege führen zum Erfolg oder eher Misserfolg.

Mit dem Kreuz:

Diese Kombination zeigt sehr oft gesundheitliche Probleme an. Siehe das Kapitel über Krankheiten.

Eine ältere Frau, die einem Rückhalt gibt oder mit negativen Karten eine ältere Frau, die einem die Unterstützung versagt.

Aber auch eine Frau im Umfeld, mit der man noch etwas Karmisches zu klären, oder aufzulösen hat.

8. Der Sarg

Mit den Blumen:

Schlechte Nachrichten werden schön verpackt überbracht.

Oder aber Achtung, manches ist nicht so positiv, wie es scheint.

Mit der Sense:

Unfallgefahr oder sonstige Gefahrenwarnung. Bitte die umliegenden Karten um Rat fragen, folgen umgehend positive Karten wie der Klee oder die Sonne, so kann es bedeuten, dass man einer Gefahr knapp entrinnt. Aber auch Operationen oder schwere Verletzungen.

Mit den Ruten:

Auch hier eine deutliche Gefahrenmeldung, diese gilt hier aber im Bereich Gespräche, Mitteilungen und allem schriftlichen. Streit, Falschinformationen, die großen Schaden bringen etc. gehören zu dieser Kombination.

Mit den Vögeln:

Schlechte Nachrichten sind unterwegs oder aber, zwei verschiedene ungünstige Nachrichten sind im Kommen. Auch Informationen welche seelisch belasten.

Mit dem Kind:

Gefahr für ein Kind. Aus welcher Richtung diese droht, sollten die umliegenden Karten anzeigen können. Aber auch, ein junger Mensch mit großen seelischen Problemen, ob und wie diese sich lösen lassen, zeigen die folgenden oder umliegenden Karten an.

Mit dem Fuchs:

Absichtliche Falschinformationen. Oder Gefahr, auf Betrüger hereinzufallen.

Mit dem Bär:

Ein Mann der nach außen einen stabilen Eindruck vermittelt leidet innerlich/seelisch. Oder aber ein dunkelhaariger Mann bringt negatives ins Leben.

Mit den Sternen:

Hier wird, wenn positive Karten dabei liegen Kontakt zu Verstorbenen oder in die ferne Vergangenheit angezeigt.

Mit negativen Karten jedoch, wie der Sense, dem Fuchs, den Mäusen wird ein größerer Verlust angezeigt oder aber eine deutliche Warnung vor allem schwarzmagischen, oder allem, was mit negativen Energien zu tun hat.

Mit dem Turm jedoch kann hier gezeigt werden, dass sich Informationen aus früheren Leben zeigen möchten. Mit der Schlange allerdings ansonsten mit positiven Karten könnte es sein, dass uralte Talente zum Vorschein kommen und man diese nun ausleben soll.

Mit dem Storch:

Vorsicht auf Reisen und bei Veränderungen.

Hier können auch Probleme mit den Beinen angezeigt werden.

Mit dem Hund:

Krankheit oder großer seelischer Kummer bei einer älteren Person. Oder aber Gefahr durch eine solche.

Mit dem Turm:

Karmische Nachrichten.

Jedoch auch sehr schlechte Nachricht von/durch Behörden oder eine Behörde hilft bei/nach einer Gefahrensituation.

Mit dem Park:

Achtung in der Öffentlichkeit. Die umliegenden Karten müssten zeigen, wovor hier gewarnt wird. Aber auch, seelischer Kummer wegen einer Veranstaltung oder Einladung.

Mit dem Berg:

Hier werden Krankheit und Kummer gezeigt, welche sehr festgefahren oder chronisch sind. Alles andere müssen die Nachbarkarten zeigen.

Mit den Wegen:

Man kann sich nicht entscheiden. Jedoch auch, egal wie man sich in einer Angelegenheit entscheidet, es wird wahrscheinlich Probleme geben.

Die Situation an sich lässt keinen positiven Werdegang in der allernächsten Zeit zu. Ob und inwieweit sich dies ändern sollten die umliegenden Karten erklären.

Mit den Mäusen:

Krankheit, die unbedingt beachtet und behandelt werden sollte. Aber auch großer seelischer Kummer.

Große Verluste. Um was genau es geht, zeigen die umliegenden Karten oder nachgezogene Karten an.

Mit dem Herzen:

Gefühlsmäßiger Kummer. Viel Leid wegen der Gefühle.

Aber auch Sorgen mit dem Herz-Kreislauf-System.

Mit dem Ring:

Schwierige Beziehung oder Trennung. Aber auch, eine gewünschte Beziehung wird nicht kommen.

Mit dem Buch:

Achtung bei Verträgen oder Abmachungen, sowie allen schriftlichen Dingen, hier droht Verlust und große Probleme.

Mit dem Brief:

Sehr negative Nachrichten, die auf dem Weg sind. Aber auch, große Sorgen wegen eines Schriftstückes oder es kann auch eine Sterbeurkunde bedeuten. Liegt der Sarg mit dabei, so zeigt sich hier das Nachlassgericht. Mit Geldkarten bedeutet es eine Erbschaft.

Mit dem Herrn:

Der Fragesteller oder der Herzensmann hat großen seelischen Kummer. Oder er bereitet einem diesen.

Mit der Dame:

Die Fragestellerin oder die Herzensdame hat großen seelischen Kummer. Oder sie bereitet einem diesen.

Mit den Lilien:

Sexuelle Probleme. Jedoch auch Krankheit im Bereich der

Sexualorgane. Mit der Sense und den Ruten. Achtung vor einem sexuellen Übergriff.

Mit der Sonne:

Hier kommt es sehr auf die umliegenden Karten an, ob die Kombination sagen will, dass der Erfolg zu Ende geht und nun eine schwierige Zeit folgt, oder aber, ob man nun endlich nach langer Zeit des Hoffens und Planens endlich den verdienten Erfolg findet.

Mit dem Mond:

Krankheiten wurden auch oder hauptsächlich seelisch ausgelöst. Auch mediale Verbindung zu Verstorbenen oder aber man ahnt ungute Dinge voraus. Hier müssen die umliegenden Karten mehr sagen können.

Mit dem Schlüssel:

Je nachdem welche Karten dabei liegen und besonders in welcher Reihenfolge, gilt auch hier, endlich kommt der erwartete Erfolg, oder aber man läuft jetzt Gefahr das Glück zu verlieren.

Es kommt meist darauf an, an welcher Stelle hier der Sarg liegt. Vor dem Schlüssel sagt er meist ein Ende der Pechsträhne voraus, nach dem Schlüssel das Ende der Glücksphase.

Mit den Fischen:

Finanzielle Verluste. Aber auch Gefahr im oder durch Wasser, Flüssigkeiten etc.

Mit dem Anker:

Hier wird deutlich gemacht, dass die Pechsträhne noch eine Weile anhalten wird. Wie lange wird die Zeitkarte aussagen, die am nächsten bei dieser Kombination liegt.

Mit dem Kreuz:

Hier werden deutliche karmische (vorgeburtliche) Themen angezeigt. Jedoch auch große gesundheitliche Probleme wegen dem Rücken. Auch verbohrte und überalterte Ansichten können hier angesprochen sein, dies wenn der Berg dabei liegt.

9. Die Blumen

Mit dem Kreuz:

Etwas auf das man sich gefreut hat, wird abgesagt. Oder eine erhoffte Einladung und/oder ein Geschenk kommt nicht oder wird zurückgefordert.

Je nach Begleitkarten auch, Streit oder Gefahr wegen einer Einladung.

Mit den Ruten:

Eine mündliche Einladung wird überbracht. Aber auch Rede vor einer Gesellschaft. Oder Poesie.

Mit den Vögeln:

Ein Geschenk oder eine besondere Einladung sind unterwegs.

Auch Planung einer Feierlichkeit.

Mit dem Kind:

Etwas Harmonisches ein Kind betreffend. Einladung für ein Kind oder eine Feierlichkeit für ein Kind.

Aber auch, ein sehr fröhliches und ausgeglichenes Kind oder Jugendlicher.

Mit dem Fuchs:

Achtung bei Einladungen oder Geschenken. Es könnten Hintergedanken dabei sein, die nicht wirklich schön sind.

Aber auch, auf einer Feierlichkeit erlebt man Boshaftigkeit oder wird falsch behandelt.

Mit dem Bär:

Eine Einladung von einem dunkelhaarigen Menschen.

Mit den Sternen:

Ein Talent kann Erfolg und Freude bringen. Aber auch, spirituelles Treffen und/oder Seminar.

Mit den Störchen:

Einladung zu einer Reise. Oder eine Reise zu einer Einladung.

Mit dem Hund:

Ein Geschenk oder eine Einladung von einem älteren Menschen. Auch Feierlichkeit einen oder mehrere ältere Menschen betreffend.

Mit dem Turm:

Positive Nachrichten von Behörden. Jedoch auch Einladung zu einem Gespräch von einer Behörde.

Mit dem Park:

Öffentliche Feierlichkeit. Auch Fest im Grünen.

Mit dem Berg:

Einladung oder erhoffte Aufmerksamkeit kommt nicht. Was man selbst gibt, wird nicht anerkannt oder nicht beachtet.

Aber auch, Probleme wegen oder um zu einer Einladung zu kommen.

Mit den Wegen:

Zwei zeitgleiche Feste oder Einladungen.

Auch, sich entscheiden müssen, ob eine Einladung oder ein Geschenk angenommen wird.

Mit den Mäusen:

Eine Einladung wird abgesagt. Ein Geschenk geht verloren. Die erhoffte Aufmerksamkeit bleibt aus.

Allerdings zeigen die Mäuse hier aus, dass es gut ist, dass man nicht immer bekommt, was man sich wünscht.

Mit dem Herzen:

Verlobung oder Jubiläum. Auch ein Fest der Freude. Oder aber, das erste Date.

Mit dem Ring:

Einladung auf eine Hochzeit. Trauzeuge sein.

Mit dem Buch:

Kaufvertrag für etwas Schönes oder schon lange Gewünschtes.

Mit dem Brief:

Sehr positive Nachrichten.

Mit dem Herrn:

Fragesteller oder Herzensmann ist ein sehr gutmütiger und hilfsbereiter Mensch. Aber auch eine Einladung von ihm oder für ihn.

Mit der Dame:

Fragestellerin oder Herzensdame ist ein sehr gutmütiger und hilfsbereiter Mensch. Aber auch eine Einladung von ihr oder für sie.

Mit der Lilie:

Man erhält oder gibt einen sehr großen Vertrauensbeweis.

Mit der Sonne:

Ein Sommerfest. Aber auch Grund zu großer Freude.

Mit dem Mond:

Seelische Ausgeglichenheit.

Mit dem Schlüssel:

Eine Einladung sollte unbedingt angenommen werden, da man dort gute und wichtige Kontakte knüpfen kann.

Mit den Fischen:

Ein Wertgegenstand. Sammlerobjekt. Teure Kunst. Aber auch Geld verdienen im Bereich schöner Dinge.

Mit dem Anker:

Eine Aufmerksamkeit oder eine Einladung schaffen eine dauerhafte Verbindung.

Mit dem Kreuz:

Ein Geschenk oder eine Einladung lenken einem vom Alltagsstress ab. Aber auch, man sollte für genügend Freizeit und Freiraum für Hobbys sorgen.

10. Die Sense

Mit den Ruten:

Streitigkeiten, Schlägerei, absichtliche Beleidigungen.

Gefahr durch Übergriffe.

Mit den Lilien sexuelle Belästigung oder Übergriff sexueller Art.

Mit den Vögeln:

Streit oder Unstimmigkeiten sind im Anmarsch. Aber auch üble Nachrede, welche von einer Person absichtlich gestreut wird.

Mit dem Kind:

Kinderkrankheit oder aber eine Information ein Kind betreffend. Mit den Mäusen dabei kann hier für ein Kind Mobbing angezeigt werden.

Mit dem Fuchs:

Achtung vor „vertraulichen" Informationen, diese können falsch sein und somit großen Schaden verursachen. Nichts ungeprüft übernehmen oder weitergeben.

Mit dem Bären:

Hier kann eine Sportverletzung oder eine Verletzung, die man sich während der Freizeit zuzieht, angezeigt werden.

Ist jedoch nach einem bestimmten Menschen gefragt worden, so zeigt diese Kombination an, dass hier eine aggressive Ader vorhanden ist und man bei dieser Person schon achtsam sein sollte.

Mit den Sternen:

Mit weiteren positiven Karten kommt eine sehr freudige Überraschung auf einem zu.

Aber, sofern andere negative Karten in unmittelbarer Nähe liegen, eine Art Schock angekündigt.

Mit der Sonne dabei kann evtl. darauf hingewiesen werden, dass man im Umgang mit Strom sehr achtsam sein muss.

Mit den Störchen:

Warnung vor einer Reise oder einer Veränderung.

Nur mit sehr positiven Karten wird hier eine überraschende Reise oder Veränderung vorhergesagt.

Mit dem Hund:

Körperlicher Angriff von unerwarteter Seite.

Aber auch Unfall bei oder durch einen/m Freund oder älteren Menschen.

Mit dem Turm:

Zusammenbruch, Schock. Plötzlicher Schrecken von Behörden. Aber auch Anzeige, Urteil.

Mit dem Park:

Gefahr in der Öffentlichkeit, Unfallgefahr,

Ausländerhass (mit dem Schiff und / oder den Mäusen).

Mit dem Berg:

Schwierigkeiten, die unerwartet auftauchen.

Auch Probleme, die man selbst nicht verursacht hat und diese daher schwer lösen kann.

Mit dem Reiter, den Ruten kann hier auch ein Knochenbruch angezeigt werden.

Mit den Wegen:

Warnung davor, eine falsche Entscheidung zu treffen, die große Auswirkungen haben wird.

Mit dem Schiff wird vor einem Unfall gewarnt.

Mit den Mäusen:

Ein plötzlicher Verlust.

Genauer können dies nur die umliegenden Karten aussagen.

Mit dem Herzen:

Liebeskummer. Gefühlsmäßige Verletzung.

Mit dem Ring:

Hier wir deutlich eine Trennung vorhergesagt.

Mit dem Buch:

Warnung vor einem Vertrag oder einem Versprechen.

Mit dem Brief:

Sehr schlechte Nachrichten sind unterwegs.

Mit dem Herrn:

Hier könnte eine Verletzung der männlichen Hauptperson

gezeigt werden.

Aber auch, eine aggressive Ader bei der männlichen Hauptperson.

Alles andere dazu müssen die umliegenden Karten zeigen.

Mit der Frau:

Hier könnte eine Verletzung der weiblichen Hauptperson gezeigt werden.

Aber auch, eine aggressive Ader bei der weiblichen Hauptperson.

Alles andere dazu müssen die umliegenden Karten zeigen.

Mit den Lilien:

Mit harmonischen Karten kommt hier ein überraschender erotischer Kontakt.

Liegen allerdings negative Karten im direkten Umfeld oder der direkten Verbindung, so wird hier vor sexueller Belästigung oder einem sexuellen Übergriff gewarnt.

Aber auch Geschlechtskrankheit, wenn der Baum und die Mäuse dabei liegen.

Mit der Sonne:

Achtung vor Hitze, Feuer und Strom.

Mit dem Mond:

Gefahr in den Abend oder Nachtstunden. Aber auch Alpträume. Selten und nur mit sehr positiven Karten sagt es einen freudigen Schock in den Abendstunden oder der

Nacht vorher.

Mit dem Schlüssel:

Sofern keine negativen Karten direkt dabei liegen, tauchen plötzliche gute Möglichkeiten und Chancen auf.

Mit den Fischen:

Je nach Begleitkarten plötzlicher Geldzuwachs oder aber Verlust.

Mit dem Anker:

Plötzlicher Absturz und/oder Fall, dies besonders wenn man sich gerne auf das hohe Ross setzt. Oder aber, je nach beiliegenden Karten, Verletzung am unteren Rücken.

Mit dem Kreuz:

Warnung davor, eine Entscheidung, oder ein Problem zu lange vor sich herzuschieben, denn plötzlich wird das Schicksal entscheiden.

11. Die Rute

Mit den Vögeln:

Mündliche Nachricht wird kommen oder interessantes Gespräch.

Mit dem Kind:

Gespräche mit oder über ein Kind. Aber auch wichtige Gespräche müssen wegen einem Kind geführt werden. Liegt der Turm dabei, kann es das Jugendamt oder die Schule sein. Mit dem Baum dabei geht es um die Gesundheit, mit den Sternen um seine Talente usw.

Mit dem Fuchs:

Lügen, die mündlich verbreitet werden. Auch Achtung, man erzählt dir in einer wichtigen Sache Lügen.

Mit dem Bären:

Gespräche mit einem dunkelhaarigen Herrn. Aber auch ein muskulöser Mensch. Oder auch ein heftiger Streit.

Mit den Sternen:

Mediale Nachrichten. Nachrichten in der Nacht, Traumbotschaften. Mit negativen Karten Vorsicht, glaube nicht jede spirituelle Neuigkeit. Auch Rede- und/oder Überzeugungstalent.

Mit den Störchen:

Eine fremde Sprache. Etwas inhaltlich nicht verstehen. Gespräche über eine Reise.

Mit dem Hund:

Gespräche mit einem älteren Herrn. Mit Karten, die auf die Gesundheit hinweisen, auch Gespräche mit einem Arzt. Oder ein wichtiges Gespräch mit einem Vorgesetzten usw.

Mit dem Turm:

Hier liegen Gespräche oder Auseinandersetzungen mit einer Behörde oder wenn eine Geldkarte dabei liegt, mit einer Bank.

Mit dem Park:

Öffentliche Nachrichten. Gespräche in der Öffentlichkeit. Aber auch Gespräche um Gott und die Welt. Auch Popularität, sofern die Sterne, und der Mond dabei liegt.

Mit dem Berg:

Blockierte mündliche Nachrichten. Oder man geht wichtigen Aussprachen aus dem Weg.

Mit den Wegen:

Es sollte gut überlegt werden, was man sagt oder anklagt, denn sehr schnell ist im Streit oder bei Diskussionen, etwas zerschlagen, was nicht mehr zu kitten ist.

Mit den Mäusen:

Streitgespräche. Auch Gespräche werden nicht geführt oder ein Gespräch, auf welches man hofft, findet nicht statt.

Mit dem Herzen:

Liebeserklärung. Mit negativen Karten aber auch, nicht akzeptieren, dass keine Gegenliebe da ist. Mit dem Fuchs oder der Schlange, absichtliches Vorspielen von Gefühlen.

Mit dem Ring:

Hochzeitsantrag. Aber auch eine mündliche Abmachung oder ein mündlicher Vertrag, der bindend ist.

Mit dem Buch:

Abmachungen, Pläne und Projekte, die besprochen und geklärt werden. Mit den Mäusen werden solche Gespräche abgesagt.

Mit dem Brief:

Mündliche Nachrichten. Aber auch Schriftstellerei, sofern das Buch direkt dabei liegt.

Mit den Sternen dabei Musik und alles was dazugehört.

Mit dem Herrn:

Ein Gespräch mit dem Herzensmann steht an oder aber, der Herzensmann redet gerne sehr viel.

Mit negativen Karten wird es kein Gespräch geben.

Mit der Dame:

Ein Gespräch mit der Herzensdame steht an oder aber die Herzensdame redet gerne und viel.

Mit negativen Karten wird es kein Gespräch geben.

Mit den Lilien:

Sehr gefühlstiefe Gespräche und ein sehr intellektueller Austausch. Auch die gemeinsame Liebe zu Worten und/oder Büchern und Filmen.

Jedoch auch eine Romanze, die sehr erotisch gefärbt sein kann.

Mit der Sonne:

Viele Gespräche mit Vorgesetzten oder eine Selbständigkeit betreffend. Aber auch, man trägt viel berufliche Verantwortung und muss daher viele berufliche Gespräche führen. Auch Filme und Drehbücher.

Mit dem Mond:

Mediale Durchgaben. Gespräch am späten Abend oder in der Nacht.

Mit dem Schlüssel:

Wichtige und erfolgversprechende mündliche Termine und Nachrichten. Wie diese ausfallen und weitergehen müssen die umliegenden Karten zeigen.

Mit den Fischen:

Gespräche um Geld und/oder Wertgegenstände.

Auch Versicherungen und Geldanlagen.

Mit dem Anker:

Ein Gespräch wird deine berufliche Situation festigen oder beenden, je nach Begleitkarten.

Mit dem Kreuz:

Gespräche oder Nachrichten, die auch über diene Zukunft entscheiden. Jedoch auch, jetzt wirst Du ernten, was Du in der Vergangenheit gesät hast. Ob dies positiv oder negativ sein wird, müssen die umliegenden Karten zeigen.

12. Die Vögel

Mit dem Kind:

Jugendliche werden langsam flügge. Die Pubertät wird hier angezeigt.

Hier wird es Gespräche um ein Kind geben, ohne dass dieses dabei wäre, man entscheidet über das Wissen eines jungen Menschen über ihn. Auch Zwei Kinder.

Mit dem Fuchs:

Achtung vor Abmachungen, vielleicht soll man über den Tisch gezogen werden.

Angeberei und Prahlen.

Mehr darstellen, als man ist, um ein Ziel zu erreichen.

Mit dem Bären:

Ein sehr beweglicher Herr. Aber auch Übergewicht welches durch Bewegung abgebaut werden kann.

Mit den Sternen:

Informationen sammeln. Recherchieren. Auch Spürsinn und Beobachtungsgabe.

Mit den Störchen:

Kleine Taten bringen große Erfolge. Aber auch, man sollte bei seinem Aufgabengebiete bleiben oder darauf achten, sich nicht mit etwas z u übernehmen, was andere besser können, nur um zu zeigen, dass man es selbst kann. Dies ginge schief. Welches Thema hier gemeint ist, zeigen wie umliegenden Karten an.

Mit dem Hund:

Kurze Reise zu einem Freund oder zu einem älteren Herrn oder kurze Reisen für einen solchen Menschen.

Mit dem Turm:

Besuch von einem Menschen, der mit Behörden zu tun hat. Auch, eine Urteilsverkündung. Mit dem Schiff könnte es einen Strafbescheid (das berühmte Knöllchen) darstellen. Mit der Sense eine harte Verurteilung, mit den Ruten ein mündlicher Warnschuss.

Mit dem Park:

Musik und Tanz. Eine öffentliche Rede, eine Feierlichkeit, die draußen stattfindet. Ein Konzertbesuch oder Ähnliches.

Auch öffentliche Verkehrsmittel.

Mit dem Berg:

Absagen und negative Bescheide. Auch ein geplantes Vorhaben ist zu groß und kann nicht bewältigt werden.

Mit den Wegen:

Kurze Reisen zu Land. Auch Tiere in der freien Natur. Zoo, Wildparks usw.

Mit den Mäusen:

Eine erhoffte Einladung wird nicht kommen. Oder aber eine wichtige Nachricht, mit der man schnell rechnet, wird sich viel Zeit lassen oder unterwegs verloren gehen.

Mit dem Herzen:

Neues Verlieben, welches aber nicht wirklich dauerhaft sein wird. Jemand der einfach gerne flirtet, also Vorsicht vor Liebesbekundungen, wenn diese Kombination dabei liegt.

Jedoch auch, ein unruhiges Herz/Kreislauf-System.

Mit dem Ring:

Nachrichten eine Verbindung betreffend. Zumeist jedoch wird hier eine Beziehung angezeigt, die nicht lange hält, da kein wirkliches Fundament gegeben ist. Wenn die Zeiten schwierig werden, wird derjenige bei dem die Vögel näherliegen, sich entfernen und eine andere Beziehung suchen.

Mit dem Buch:

Man sollte sich nur auf Schriftliches verlassen und Abmachungen auf dem Papier festhalten, sonst kann Ärger kommen.

Mit dem Brief:

Eine Nachricht, die ganz sicher kommen wird. Auch ein Einschreibebrief oder eine Nachricht, die quittiert werden muss.

Mit dem Herrn:

Der Fragesteller oder Herzensmann ist noch recht unsicher in seinen Entscheidungen, sofern Karten wie die Wolken, das Kind usw. dabei liegen.

Mit dem Haus anbei wird hier berichtet, dass dieser Mann bestrebt sein wird, sich ein eigenes Nest (Haus) zu bauen oder anzuschaffen. Aber mit den Ruten und ansonsten positiven Karten, können die Vögel beim Herrn erzählen, dass dieser sehr beweglich, wendig und sportlich ist.

Mit Berufskarten jedoch zeigt dies an, dass der Herr beruflich sehr viel unterwegs sein wird. Natürlich können hier wie in jeder Kombination auch mehrere Aussagen gleichzeitig gelten, sofern, die entsprechenden Kombination gemeinsam dabei liegen.

Mit der Dame:

Die Fragestellerin oder Herzensfrau ist noch recht unsicher in ihren Entscheidungen, sofern Karten wie die Wolken, das Kind usw. dabei liegen.

Mit dem Haus anbei wird hier berichtet, dass diese Frau bestrebt sein wird, sich ein eigenes Nest (Haus) zu bauen oder anzuschaffen. Aber mit den Ruten und ansonsten positiven Karten, können die Vögel bei der Dame erzählen, dass diese sehr beweglich, wendig und sportlich ist.

Mit Berufskarten jedoch zeigt dies an, dass sie beruflich sehr viel unterwegs sein wird. Natürlich können hier wie in jeder Kombination auch mehrere Aussagen gleichzeitig gelten, sofern, die entsprechenden Kombination gemeinsam dabei liegen.

Mit den Lilien:

Hier werden erotische Nachrichten oder Treffen angezeigt. Liegt der Fuchs oder die Schlange dabei, sowie eine weitere Personenkarte, so kann hier auch ein fremdgehen gezeigt werden. Dies sollte aber noch von anderen Faktoren abgesichert werden. Denn hier könnte auch ganz einfach eine neues interessante Person im Leben angekündigt werden. Die Begleitkarten sind bei dieser Kombination sehr wichtig.

Mit der Sonne:

Sommerferien. Urlaub in einer warmen Jahreszeit. Kurze Reise in warme Gefilde. Aber auch Warnung vor Strom und Nachrichten, welche elektrisch übermittelt werden.

Mit der Schlange weist dies auf Störungen im häuslichen oder umliegenden Strom und/oder Gasnetz hin. Auch Elektrosmog.

Mit dem Mond:

Reisen oder Reisebeginn am späten Abend oder in der Nacht. Kurze Reisen sollten in den Nachtstunden stattfinden. Auch gesundheitliche Probleme mit den Augen oder sonstigen Sinnen, in der Nacht.

Aber mit Karten wie der Sense, den Wolken auch Unfallgefahr in den Nachtstunden.

Mit dem Schlüssel:

Häufig berufliche kurze Reisen. Oder man muss regelmäßig weit fahren, um in die Arbeit zu kommen.

Mit den Fischen:

Sparen, Geldanlegen, Aktien und Spekulationen usw. Die Begleitkarten sagen aus, was dazu beachtet werden muss.

Aber auch neue Gelegenheiten, um Geld zu verdienen.

Mit dem Anker:

Aktien, Firmenanteile, Mitspracherechte in der Arbeit. Jedoch kann hier auch ein kleines jedoch sehr erfolgreiches Unternehmen angezeigt werden, welches seinen Umfang nicht vergrößern möchte.

Mit dem Kreuz:

Mit positiven Karten wie die Sonne, die Sterne usw. kann man sagen, nun sind die schweren Zeiten langsam zu Ende, es wird aufwärtsgehen. Ob es so bleibt, müssen die Folgekarten zeigen.

Unfallgefahr auf kurzen Reisen oder auf täglichen Wegen.

Berufsbedingte Erkrankungen, wie z.B. Bandscheibenvorfall beim LKW-Fahrer und Ähnliches.

13. Das Kind

Mit dem Fuchs:

Ein junger Mensch mit Identitätsproblemen. Aber auch, junger Mensch ist sehr schlau. Wobei schlau hier nicht immer positiv zu werten ist, es kommt auf die Begleitkarten an.

Mit dem Bären:

Ein dunkelhaariger junger Mensch. Aber auch ein sehr gemütlicher und behäbiger junger Mensch. Ob männlich oder weiblich und in welcher Angelegenheit dieser angezeigt wird, müssen die umliegenden Karten aussagen.

Mit den Sternen:

Neue Projekte sind sehr hoffnungsvoll und mit Aussicht auf Erfolg. In allen Bereichen wird hier aber auch angezeigt, dass neuer, frischer Wind nicht schaden kann. Man sollte auch neue Ideen und Gedankengänge zulassen.

Mit den Störchen:

Veränderungen dadurch, dass man etwas Neues wagt.

Aber auch, Reise für einen jungen Menschen oder ein junger Mensch von weit her.

Mit dem Hund:

Ein neues Haustier kommt ins Leben. Aber auch, ein krankes Haustier wird wieder gesunden.

Mit dem Turm:

Hier werden Ämter wie z.B. eine Schule, Jugendamt, mit dem Baum eine Kinderklinik oder Kur für Kinder/Jugendliche gezeigt.

Mit dem Park:

Man sollte mehr Spiel und Spaß in sein Leben einlassen. Aber auch, Probleme könnten spielerisch leichter gelöst werden. Oder auch, einfach mal Spaß haben. Jedoch auch, man hat erste öffentliche Auftritte oder Veranstaltungen.

Mit dem Berg:

Ein junger Mensch hat Probleme und/Sorgen. Oder Probleme und Sorgen wegen einem jungen Menschen.

Mit den Wegen:

Ein jüngerer Mensch muss eine wichtige Entscheidung treffen, oder aber eine entsprechende Entscheidung wegen einem jungen Menschen.

Mit den Mäusen:

Kinderkrankheit. Jedoch auch Verluste bei einem jungen Menschen oder durch einen solchen.

Mit dem Herzen:

Liebeskummer. Jedoch auch, ein Mensch passt einfach nicht zu einem und geht deshalb in den Verlust.

Aber auch, man verliebt sich in einen bedeutend jüngeren Menschen oder ein solcher verliebt sich in einem.

Mit dem Ring:

Eine Beziehung zu einem jungen Menschen. Auch Partnerschaft mit großem Altersunterschied.

Mit Karten wie der Berg und die Wolken zeigt es eher eine/n Partner/in oder Verehrer/in an, der noch sehr unreif ist für sein Alter.

Mit dem Buch:

Schule. Ausbildung.

Aber auch Nativität und Unwissenheit.

Mit dem Brief:

Nachricht durch, über oder von einem jungen Menschen.

Mit dem Herrn:

Der Fragesteller oder Herzensmann ist noch sehr jung. Oder aber er hat Kinder.

Mit der Dame:

Die Fragestellerin oder Herzensfrau ist noch sehr jung. Oder aber sie hat Kinder.

Mit den Lilien:

Hier wird entweder eine neue frische Liebe angezeigt, oder aber eine Liebesbeziehung zu einem erheblich jüngeren Menschen.

Genaueres müssen die umliegenden Karten zeigen.

Mit der Sonne:

Schulferien. Freizeit, Spaß und sportliche Aktivitäten, die Freude bereiten.

Mit dem Mond:

Naives Verhalten. Aber auch Urängste oder problematische Verhaltensmuster, die ihren Ursprung in der Kindheit haben, sofern der Baum und/oder die Schlange (für die Mutter) oder der Hund (für den Vater) dabei liegen.

Mit dem Schlüssel:

Glückliche neue Projekte. Neue Pläne können verwirklicht werden, sofern man sie nicht zu lange vor sich herschiebt.

Aber auch, ein glückliches Kind oder eine glückliche Kindheit.

Mit den Fischen:

Kindergeld.

Jedoch auch Geld wird durch neue Projekte oder durch Erneuerungen in alten Strukturen zu fließen beginnen.

Aber auch, Geld durch Aktivitäten, die mit Spiel, Spaß und Freizeit zu tun haben.

Mit dem Anker:

Eine enge Verbindung zu einem jungen Menschen.

Mit dem Kreuz:

Krankheit und/oder Unfallgefahr bei einem jungen Menschen.

Jedoch auch karmische Verbindung zu einem Solchen.

14. Der Fuchs

Mit dem Bären:

Hier wird vor einer dunkelhaarigen Person gewarnt sofern Karten wie de Schlange, die Sense, der Berg usw. dabei liegen. Diese Person kann Unfrieden und Ärger bringen.

Jedoch kann diese Kombination mit Karten wie die Sterne, die Sonne, die Ruten auch Intelligenz bei einem dunkelhaarigen Menschen aussagen.

Mit den Sternen:

Achtung, man muss nicht jede neue esoterische Welle mitmachen, um beliebt zu sein.

Zeige deinen Menschenverstand, indem Du auch hinterfragst.

Mit den Störchen:

Hier wird, sofern spannungsreiche Karten dabei liegen sehr deutlich vor größeren Veränderungen oder Reisen gewarnt.

Liegen allerdings positive Karten dabei, so ist diese eine Aufforderung den eigenen Verstand und die eigene Intelligenz einzusetzen um aus schwierigen Situationen herauszukommen.

Mit dem Hund:

Die Weisheit des Alters, kann hier gezeigt werden, und die Aufforderung dazu sich dieser zu bedienen. Aber auch, manches alte und bewährte kann auch in der modernen Zeit zum Erfolg verhelfen.

Mit negativen Karten wird man hier vor einem älteren Menschen gewarnt.

Mit dem Turm:

Lügen und Betrug gehören zu dieser Kombination.

Achtung in der Öffentlichkeit. Hier droht Verlust durch Falschheit und Betrug. Welcher Art dieser ist müssen die umliegenden Karten zeigen.

Mit dem Park:

Falschheit in der Öffentlichkeit.

Mit dem Berg:

Lügen bringen Probleme.

Mit den Wegen:

Hier wird es schwierig sich zu entscheiden, denn jede Entscheidung wird auf eine Art die Falsche sein. Hier gibt es nur die Wahl zwischen zwei kleineren Übeln. Mehr dazu zeigen die umliegenden Karten.

Mit den Mäusen:

Große Verluste durch Unehrlichkeit. Wer durch wen und was betroffen ist, müssen die anderen Karten zeigen.

Mit dem Herzen:

Achtung vor vorgespielten Gefühlen. Auch Unehrlichkeit in Beziehung und/oder Freundschaft.

Mit dem Ring:

Eine Beziehung wird aus den falschen Gründen eingegangen oder es werden Gefühle vorgetäuscht, um eine Partnerschaft zu erreichen. Jedoch auch Untreue und Verrat.

Um welche Art Partnerschaft es geht zeigen die beiliegenden Karten an.

Mit dem Buch:

Wenn eine Arbeitskarte dabei liegt Achtung, man wird ausgenutzt und wahrscheinlich schlecht bezahlt oder hat anderweitig schlechte Bedingungen.

Bei anderen Verträgen warnt diese Kombination deutlich vor einer Unterschrift, man wird betrogen werden. Oder aber, man versucht selbst, zu betrügen.

Mit dem Brief:

Falschnachrichten oder bewusst gesendete Lügen.

Mit dem Herrn:

Der Fragesteller oder Herzensmann ist intelligent oder raffiniert. Je nach dem müssen es die umliegenden Karten aussagen.

Auch, man wird aufgefordert zum Herzensmann korrekt zu sein und ihn nicht mit Tricks fangen zu wollen.

Mit der Dame:

Die Fragestellerin oder Herzensfrau ist intelligent oder raffiniert. Je nach dem müssen es die umliegenden Karten aussagen.

Auch, man wird aufgefordert zum Herzensmann korrekt zu sein und ihn nicht mit Tricks fangen zu wollen.

Mit den Lilien:

Falsche Gefühle. Auch, das Gegenüber sucht nur den erotischen Kontakt und/oder eine/en Geliebte/n.

Auf jeden Fall sind die Gefühle nicht sehr tiefgehend.

Genaueres müssen die umliegenden Karten zeigen.

Mit der Sonne:

Warnung vor Elektrizität und scharfen oder schweren Maschinen, hier droht Verletzungs- und/oder Unfallgefahr.

Mit dem Mond:

Die eigenen Gefühle sind momentan sehr undurchsichtig. Aber auch, andere sind mit Ihren Gefühlen nicht ehrlich. Hier aber im Gegensatz zu den Lilien ist das alles eher unbewusst und nicht offen gesteuert.

Mit dem Schlüssel:

Das Glück kann trügerisch sein.

Mit den Fischen:

Vorsicht bei allen finanziellen Belangen oder bei Vorhaben, bei denen es um Wertgegenstände geht. Hier liegt eine Betrugsgefahr.

Mit den Ruten auch eine Gefahr eines Überfalls.

Genauso mit der Sense, nur wird hier auch vor körperlichen Angriffen gewarnt.

Mit dem Anker:

Lügen und/oder Betrug im Bereich der Arbeit. Auch die Gefahr, dass Außenstände nicht mehr eingenommen werden, da man betrogen wurde, oder das Gegenüber insolvent ist.

Mit dem Kreuz:

Hier geht es zumeist um die karmische Lektion, in allen Dingen korrekt und ehrlich zu bleiben. Egal wo diese Kombination auftaucht, ist es eine Mission, sich äußerst korrekt zu verhalten.

Auch kann es bedeuten, dass Unangenehmes, was einem gerade widerfährt, karmische Gründe hat.

15. Der Bär

Mit den Sternen:

Ein spiritueller Mensch wird hier dargestellt. Mit dem Baum dabei, ein Mensch der als Schamane/in oder Heiler/in arbeitet oder die Begabung dafür hat.

Mit den Störchen:

Hier wird eine ausländische Person dargestellt.

Mit dem Hund:

Ein dunkelhaariger Freund.

Mit dem Turm:

Ein Polizist oder eine andere Amtsperson, die mit Recht und Ordnung zu tun hat.

Mit dem Park:

Ein Verehrer, der eher ein dunkelhaariger Typ ist, lädt einem zu etwas ein.

Mit dem Berg:

Probleme durch einen Menschen mit dunklen Haaren.

Oder jemanden Dunkelhaariges den man kennt, hat Probleme.

Mit den Wegen:

Jemand dunkelhaariges, den man im Freien trifft. Aber auch jemand Dunkles der einem vor eine Wahl stellt. Um was genau es geht müssen die umliegenden Karten aussagen.

Mit den Mäusen:

Verlust oder Negatives durch eine dunkelhaarige Person oder für diese. Näheres von den anderen Karten zeigen lassen.

Mit dem Herzen:

Gefühle von oder für einen dunkelhaarigen Menschen.

Mit dem Ring:

Eine Beziehung wird mit einem dunkelhaarigen oder großen Menschen eingegangen. Liegt der Anker dabei, ist es eine Arbeitsbeziehung, mit dem Herzen oder dem Ring eine Liebesbeziehung, mit dem Park oder dem Hund eine Bekanntschaft oder Freundschaft usw.

Mit dem Buch:

Ein Vertrag, eine Abmachung oder etwas anderes Bindendes im Zusammenhang mit einen dunkelhaarigen und/oder gutmütigen Menschen.

Mit dem Brief:

Eine Nachricht von einem Verwandten, Freund oder einer Person die dunkelhaarig, umgänglich oder einfach freundlich ist.

Mit dem Herrn:

Der Fragesteller oder Herzensmann ist dunkelhaarig oder gutmütig/freundlich, oder manchmal einfach zu naiv und hilfsbereit.

Mit der Dame:

Die Fragestellerin oder Herzensfrau ist dunkelhaarig oder gutmütig/freundlich, oder manchmal einfach zu naiv und hilfsbereit.

Mit den Lilien:

Ein Mensch der wegen seiner Gutmütigkeit und Hilfsbereitschaft, gefühlsmäßig gerne ausgenutzt wird.

Mit der Sonne:

Ein eher südländischer Menschentyp wird hier symbolisiert. Oder aber ein Mensch, der zwar recht gutmütig ist, wenn man ihn jedoch zu sehr ausnutzt, auch mal heftig reagieren kann.

Mit dem Mond:

Diese Kombination zeigt einen Menschen, der einfach zu gut für die Welt ist.

Mit dem Schlüssel:

Hilfe durch oder für einen dunkelhaarigen oder ruhigen und gutmütigen Menschen.

Mit den Fischen:

Im finanziellen Bereich kommt Unterstützung von einem Menschen der eher dunkelhaarig, groß und kräftig ist.

Mit dem Anker:

Ein Mensch, der dunkles Haar hat und sehr wahrscheinlich sehr behäbig und gemütlich und eventuell übergewichtig ist.

Mit dem Kreuz:

Hier zeigt sich eine Persönlichkeit, die sehr belastbar ist und die trotzdem freundlich bleibt. Ein Fels in der Brandung wäre die beste Beschreibung.

16. Die Sterne

Mit den Störchen:

Weite Reise, die in der Nacht beginnt. Aber auch mediale Reisen und Visionen.

Mit dem Hund:

Hier wird dir eine Verbindung zu deinen Schutzgeistern angezeigt.

Aber auch, deine Freunde sind nicht zahlreich, aber dafür sehr zuverlässig und liebevoll.

Mit dem Turm:

Behördenkontakte am Abend oder in der Nacht.

Karmische Missionen, Aufgaben, Talente werden rund um diese Kombination herum und in deren Querverbindungen angezeigt.

Aber auch mediale Verbindung zu Verstorbenen.

Mit dem Park:

Ein spirituelles Seminar, eine solche Veranstaltung oder aber ein spiritueller Beruf wird ausgeübt.

Mit dem Berg:

Seelische Probleme, mit den Wolken eventuell Depressionen. Aber auch die spirituellen Wege und Talente sind momentan blockiert.

Mit den Wegen:

Diese Kombination zeigt dir genau an, wo die spirituellen Wege für die betreffende Person zu finden sind. Auf welche Art diese gefunden, gelebt und umgesetzt werden können.

Mit dem Baum zum Beispiel könnte dies im Bereich der Heilung sein, aber auch der Natur. Mit den Ruten in einem beratenden Bereich. Mit den Blumen und/oder dem Park vielleicht im künstlerischen Bereich usw.

Mit den Mäusen:

Seelische Störungen, die sich evtl. körperlich auswirken. Oder ein von Natur aus neidischer und missgünstiger Mensch, wenn der Berg mit in der Verbindung liegt.

Mit dem Herzen:

Hier dürfte es im zwischenmenschlichen Bereich um eine Seelenfreundschaft gehen.

Im partnerschaftlichen Bereich um eine Seelenliebe.

Mit dem Ring:

Eine Verbindung im spirituellen Bereich. Dies muss nicht zwangsläufig immer eine Liebespartnerschaft sein. Es kann sich hier auch um eine spirituelle Mission handeln, die man gemeinsam ausübt.

Mit dem Buch:

Mediales Schreiben. Spirituelle Nachrichten und Durchgaben.

Aber auch, wenn eine Personenkarte in unmittelbarer Verbindung liegt, zeigt es an, dass in diesem Menschen noch verborgene Talente schlummern, die eines Tages erwachen werden.

Mit dem Brief:

Eine Nachricht erreicht einem am Abend oder in der Nacht. Auch Verbindungen über die Seelenebene.

Mit dem Herrn:

Ein sehr spiritueller und/oder sensibler Mann. Ob und wie er dies annimmt, und/oder auslebt, müssen die anderen Karten zeigen.

Mit der Dame:

Eine sehr spirituelle und/oder sensible Frau. Ob und wie sie dies annimmt, und/oder auslebt, müssen die anderen Karten zeigen.

Mit den Lilien:

Ein Mensch der wegen seiner Gutmütigkeit und Hilfsbereitschaft, gefühlsmäßig gerne ausgenutzt wird.

Mit der Sonne:

Hier wird die Radiästhesie angezeigt und ob man ein Talent dafür hat. Aber auch Dinge wie Energieübertragung und ob jemand überhaupt das Talent hat. Diese Kartenkombination nehme ich her, wenn ich nachschauen soll, ob jemand wirklich mit Energien arbeitet oder ob dieser nur betrügt. Liegt der Fuchs dabei, so ist es ein wirklicher Betrüger. Mit dem Mond jemand, der meint er könne, es ist aber fraglich, ob er wirklich kann oder sich das nur schönredet. Es gibt noch einiges an Kombinationen, es dürfte für dich ein Leichtes sein, deine eigenen zu finden.

Mit dem Mond:

Hier wird ein Typ Mensch bezeichnet, der zu durchlässig ist für jegliche Art von Energien, daher vielleicht auch Sucht gefährdet. Dieser Mensch saugt alles auf, nimmt alles für bare Münze, und sofern die Vögel mit in Verbindung liegen, sammelt es in seinem Inneren und bastelt sich damit seine eigene Wirklichkeit.

Mit dem Schlüssel:

Eine Berufung, auf jeden Fall ein großes Talent, im Bereich der musischen Kunst. Liegt der Blumenstrauß dabei, dann ist eine große Kreativität in einem künstlerischen Gebiet gegeben. Mit dem Buch ist es das Talent zum Schreiben.

Mit den Fischen:

Großer Glücksfall im finanziellen Bereich.

Mit dem Anker:

Das Glück bleibt für lange Zeit.

Mit dem Kreuz:

Es liegt an der Person, die hier dargestellt wird selbst, ob und wie sie glücklich werden kann.

17. Die Störche

Mit dem Hund:

Freunde leben weit weg, vielleicht sogar im Ausland. Jedoch auch, in deinem Freundeskreis kommt es zu Veränderungen, welcher Art diese sind, zeigen die die umliegenden Karten.

Mit dem Turm:

Ausländerbehörde. Auch Ärger im oder wegen dem Ausland.

Aber auch Warnung vor Veränderungen, diese könnten weitreichende Auswirkungen haben, die man jetzt noch nicht übersehen kann.

Karmisch gesehen sagt diese Kombination aus, schwierige Situationen wollen durchgestanden werden, sonst werden sie in neuer Form wiederkommen, so lange bis sie gelöst wurden.

Mit dem Park:

Etwas das Du bei anderen siehst, hörst oder erlebst, regt dich dazu an, etwas in deinem Leben zu verändern. Diese Veränderung wird sehr positiv werden.

Mit dem Berg:

Jetzt ist nicht die Zeit für Reisen oder größere Lebens-Umstellungen.

Mit den Wegen:

Eine Entscheidung oder eine Reise oder ein Kontakt ins Ausland wird dein Leben total verändern.

Mit den Mäusen:

Diese Kombination zeigt dir an, dass Du momentan und die kommenden bis zu fünf Monaten alles so belassen sollst, wie es gerade ist. Auch wenn dir die Situation nicht gefällt, aber Veränderungen, die jetzt erzwungen werden, bringen nu Ärger und Unglück ein.

Mit dem Herzen:

Die Person um die es geht, oder die Rat sucht, wird in den kommenden drei Monaten eine Liebeserklärung erhalten. Oder es wird eine neue Liebe in deren Leben treten und bleiben wollen.

Mit dem Ring:

Innerhalb von Partnerschaften kommt es zu neuen Ereignissen, welche Veränderungen und Umdenken nach sich ziehen. Ob dies positiv oder negativ ist, müssen natürlich die umliegenden Karten zeigen.

Aber auch, verlieben während einer Reise.

Mit dem Buch:

Verträge und Abmachungen, die das Ausland betreffen oder die man mit einer ausländischen Person vereinbart oder abschließt.

Mit dem Brief:

Eine Nachricht aus dem Ausland oder das Ausland betreffend. Jedoch auch, eine Nachricht bringt einen Wechsel mit sich. In welchem Bereich zeigen die die umliegenden Karten an.

Mit dem Herrn:

Ein sehr sportlicher, großer und wahrscheinlich sehr schlanker Mann. Aber auch, der Herzensmann oder Fragesteller ist ausländisch.

Mit der Dame:

Eine sehr sportliche, große und wahrscheinlich sehr schlanke Frau. Aber auch, die Herzensdame oder Fragestellerin ist ausländisch.

Mit den Lilien:

Hier wird eine sehr starke Feinfühligkeit und Empathie gezeigt.

Mit der Sonne:

Ein Mensch mit einer sehr starken Ausstrahlung evtl. und dies nur in Verbindung mit den Sternen, den Ruten und dem Mond gemeinsam, Fähigkeiten zum Magnetismus.

Veränderungen kommen im Sommer oder durch eine Reise in den Süden.

Allerdings auch. Alles was mit Energie zu tun hat, kann das Leben grundlegend verwandeln. Aber, man sollte sich nur an Dinge wagen, für die man auch das Talent hat, sonst wird der Erfolg nur ein Kurzfristiger sein.

Mit dem Mond:

Hier wird Fernweh angezeigt. Aber auch eine starke Verbundenheit zu einem Land in welchem man noch nie war.

Mit dem Schlüssel:

Glück und Erfolg in Verbindung mit dem Ausland.

Mit den Fischen:

Großer Glücksfall im finanziellen Bereich.

Mit dem Anker:

Ein Kontakt uns Ausland oder eine Veränderung bringen endlich die erhoffte Stabilität im Beruf.

Mit dem Kreuz:

Das Schicksal verbindet einem irgendwie mit einem fremden Land oder mit Personen von dort.

18. Der Hund

Mit dem Turm:

Altenheim. Mit dem Brief kann es ein Rentenbescheid sein. Mit dem Schiff oder Storch eine Kur. Wenn der Baum und das Haus dabei liegt wird man einen älteren Menschen im Krankenhaus besuchen.

Mit dem Park:

Treffen bei dem ältere Menschen sich vergnügen. Oder aber Einladung zu einem Jubiläum. Oder eine Einladung bei einen Vorgesetzten.

Mit dem Berg:

Altersbedingte Erkrankungen. Aber auch ein Hinweis auf seine Calciumzufuhr zu achten.

Jedoch auch, Probleme mit einen Vorgesetzten.

Mit den Wegen:

Entscheidungen, welche die weite Zukunft betreffen. Auch Altersvorsorge. Oder aber, in Verbindung mit dem Anker, der Chef übergibt einem eine Entscheidung.

Mit den Mäusen:

Krankheit bei einem älteren Menschen, einem Freund oder Vorgesetzten. Wen es genau betrifft, müssen die Nachbarkarten aussagen.

Mit dem Herzen:

Man hat große Sympathien für einen älteren Menschen oder eine/n Vorgesetzte/n. Oder ein solcher Mensch empfindet tief für einem selbst. Kommt der Ring dazu, wäre es möglich, dass sich eine Beziehung, zu einem solchen Menschen anbahnt.

Mit dem Ring:

Beziehung mit oder zu einem älteren Menschen oder Vorgesetzten.

Mit dem Buch:

Ratschläge von einer erfahrenen Person sollten eingeholt werden.

Mit dem Brief:

Eine Nachricht kommt von einem älteren Menschen, einem Vorgesetzten oder einem Arzt.

Mit dem Herrn:

Der Fragesteller oder der Herzensmann ist älter oder weiser als man selbst.

Mit der Dame:

Die Fragestellerin oder die Herzensdame ist älter oder aber weiser als man selbst.

Mit den Lilien:

Das Alter wird voller Genuss aber trotzdem sehr achtsam gelebt.

Aber auch, ein älterer Mensch wirkt erotisch anziehend.

Mit der Sonne:

Bei einer geplanten Selbständigkeit oder beruflichen Erneuerung sollte fachmännischer Rat eingeholt werden. Aber auch, gesund und fit sein bis ins hohe Alter.

Mit dem Mond:

Hier zeigt sich eine innere Ruhe und Weisheit, die meist nur sehr reife und in sich gefestigte Menschen leben können.

Aber auch Schlafstörungen bei einem älteren Menschen.

Mit dem Schlüssel:

Förderung durch einen Vorgesetzten. Oder berufliche Starthilfe und/oder Förderung durch einen älteren Menschen.

Mit den Fischen:

Rente. Aber auch der verdiente Lohn trifft endlich im Leben ein.

Mit dem Anker:

Rückenerkrankung bei einem älteren Menschen oder Vorgesetzten. Aber auch der Orthopäde.

Mit dem Kreuz:

Diese Karte direkt bei einer Personenkarte zeigt zweierlei an.

Zum einen hat man hier eine Seele, mit der man schon unzählige leben verbunden ist und nun eine gemeinsame Mission oder Aufgabe hat.

Zum anderen, direkt bei einer Personenkarte liegend, zeigt diese ein biblisches Alter an. Dies aber nur sofern keine gravierend schlechten Karten dabei liegen.

19. Der Turm

Mit dem Park:
Einladung oder Treffen findet nicht statt. Mit der Sense, Gefahr eines Übergriffes/Überfalls.

Mit dem Berg:
Blockierte Ereignisse. Zu viele Probleme, die gelöst werden müssen, bevor es weitergehen kann.

Mit den Wegen:
Entscheidung fällt schwer. Oder aber eine höhere Instanz oder jemand anderes nimmt einem die Entscheidung ab.

Mit den Mäusen:
Verlust durch eine Behörde. Die umliegenden Karten müssen zeigen, welche Art Behörde es ist. Auch negative Nachricht von einer offiziellen Stelle oder Bank.

Mit dem Herzen:
Hier gibt es einige verschiedene Bedeutungen, je nachdem, welche Karten sonst noch dabei liegen. Karmische Liebesverbindung. Negatives in Liebesfragen. Verbindung kommt nicht zustande. Trennung wegen einer neuen Liebe. Schwierige Beziehung.

Mit dem Ring:
Trennung einer Partnerschaft. Oder falls das Buch oder der Brief dabei liegen, Auflösung eines Vertrages. Mit den Ruten wird eine mündliche Vereinbarung aufgelöst.

Mit dem Buch:
Ein Vertrag in Verbindung mit einer Behörde. Mit den Fischen dabei ein Kredit.

Die Kombination kann auch einfach Post von einer Behörde oder Bank etc. anzeigen. Aber auch staatliche Prüfungen gehören zu dieser Kombination.

Mit dem Brief:
Nachrichten von oder zu einer Behörde oder Bank.

Mit dem Herrn:
Der Fragesteller oder Herzensmann hat mit Behörden zu tun. Auf welche Weise sollten die umliegenden Karten zeigen.
Aber auch, der Herzensmann steht in einer karmischen Verbindung, mit einem selbst, oder einer anderen Person, falls eine Personenkarte bei dieser Kombination liegt.

Mit der Dame:
Die Fragestellerin oder Herzensfrau hat mit Behörden zu tun. Auf welche Weise sollten die umliegenden Karten zeigen.
Aber auch, die Herzensfrau steht in einer karmischen Verbindung, mit einem selbst, oder einer anderen Person, falls eine Personenkarte bei dieser Kombination liegt.

Mit den Lilien:
Entweder wird hier eine sehr karmische Liebesverbindung angezeigt, welche hauptsächlich auf der erotischen Ebene abläuft. Oder aber es könnte hier eine Geschlechtskrankheit (mit dem Baum) oder eine sexuelle Belästigung (mit Fuchs, Wolken oder ähnlichen Karten), oder gar ein sexueller Übergriff (mit der Sense, dem Fuchs etc.), angezeigt sein.

Mit der Sonne:
Dies ist eine Erfolgskombination. Das Leben/Schicksal meint es gut mit einem, hier kommen wahrscheinlich sehr positive Ereignisse. Mehr müssen die umliegenden Karten zeigen.

Mit dem Mond:
Hier könnte eine Depression angezeigt sein, sofern eine Personenkarte in direkter Verbindung liegt.
Aber auch Alpträume und Verbindungen, die eine unbestimmbare Angst auslösen. Auch, die eigenen Sehnsüchte bestimmen den normalen Tagesablauf. Ob dies positiv oder negativ ist, müssen die umliegenden Karten zeigen.

Mit dem Schlüssel:
Hier zeigt sich eine äußerst positive Zeitqualität. Was man jetzt anpackt, kann zu einem Erfolg werden.
Aber auch, jetzt werden Grundsteine für eine sehr positive Zukunft gelegt. Glücksnachrichten von einer Behörde oder Bank.

Mit den Fischen:
Hier ist alles betroffen, was Geld in Verbindung mit Banken, Konten, Behörden oder anderen offiziellen Stellen/Personen angeht. Inwiefern sich dies auswirkt können nur die umliegenden Karten zeigen.
Mit den Sternen dabei kann es um einen Gewinn gehen, oder einen Zuwachs an der Börse, beim Spekulieren etc.

Mit dem Anker:
Alles was bei dieser Kombination Turm-Anker liegt, wird dich für lange Zeit im Leben begleiten. Eine genauere Aussage können nur die direkt umliegenden Karten zeigen.

Wird z.B. eine Partnerschaft angezeigt, so kann diese sehr lange halten. Werden Probleme angezeigt, so werden auch diese eine längere Zeit dein Leben begleiten. Eine evtl. Glückssträhne wird dich länger begleiten usw.

Mit dem Kreuz:
Dies ist die absolute Schicksals-Kombination. Alles was um diese Kombination herumliegt, wird sich zwingend in deinem Leben zeigen. Auch kann diese Kombis zeigen, was Du wirklich angehen solltest im Leben, auch wenn es noch so unangenehm ist.

20. Der Park

Mit dem Berg:

Ein beschwerlicher Weg liegt vor einem, der aber gegangen werden muss.

Jedoch auch, Probleme mit oder in der Öffentlichkeit.

Mit den Wegen:

Wandern in der freien Natur. Auch Probleme mit der Orientierung. Hier ist nicht nur die Orientierung draußen beim Fahren gemeint, sondern allgemein kann man Probleme haben, sich zu orientieren wo es nun hingehen soll.

Mit den Mäusen:

Ein Virus geht um, den man sich einfängt. Mit der Karte das Kind kann es auch eine Kinderkrankheit sein.

Jedoch auch Verlust des Ansehens, oder man sorgt selbst dafür, dass ein anderer an Ansehen verliert.

Mit dem Herzen:

Eine Verlobungsfeier oder ein Jubiläum. Mit dem Ring dabei ist es eine Hochzeit.

Mit dem Ring:

Hochzeit, wenn der Park dabei liegt. Ein Heiratsantrag, wenn das Buch dabei ist.

Jedoch Achtung, mit negativen Karten kann es auch den Verlust einer Partnerschaft anzeigen. Wenn zum Beispiel, wenn der Bär, die Schlange, oder die Reiterin in direkter

Verbindung liegen, kann dies anzeigen, dass man jemanden Neues kennenlernt, liegen dann noch die Mäuse dabei oder die Sense, so kann man sagen, dass diese Beziehung einmal auseinanderbricht, weil ein anderer Mensch dazwischenkommt.

Mit dem Buch:

Eintrittskarten zu einem besonderen Event. Schriftliche Einladung. Ein Vertrag oder eine Abmachung welcher die Öffentlichkeit oder das Freie betrifft, zum Beispiel den Garten oder ein Grundstück.

Mit dem Brief:

Eine öffentliche Nachricht beunruhigt einem.

Dies könnte etwas aus den Nachrichten sein, aber auch Klatsch und Tratsch.

Mit dem Herrn:

Der Fragesteller oder der Herzensmann ist sehr gesellig oder aber in einer öffentlichen Anstellung. Mit dem Schiff zum Beispiel Busfahrer, mit dem Blumenstrauß ein Geschäft, mit dem Turm eine Behörde usw.

Mit der Dame:

Die Fragesteller oder die Herzensdame ist sehr gesellig oder aber in einer öffentlichen Anstellung. Mit dem Schiff zum Beispiel Busfahrerin, mit dem Blumenstrauß ein Geschäft, mit dem Turm eine Behörde usw.

Mit den Lilien:

Heilpflanzen. Naturheilkunde. Aber auch öffentliche

intellektuelle Veranstaltungen, wie zum Beispiel eine Vorlesung ein Theater oder Konzertbesuch.

Mit der Sonne:

Vergnügungen in einem Freizeitpark oder an einem Weiher oder ähnlichen öffentlichen Platz.

Mit dem Mond:

Seelische Störungen, die einer Therapie bedürfen.

Aber auch Sehnsucht nach dem Ursprünglichen und ein tiefes Verständnis für nicht sichtbare Vorgänge.

Schlafwandeln, wenn die Ruten dabei liegen und die Wege.

Mit dem Schlüssel:

Erfolg in oder durch die Öffentlichkeit. Aber auch Glück, Erfolg oder finden durch und über Inserate, Internet, sozial Media.

Mit den Fischen:

Geld kommt durch die Berufe in der Öffentlichkeit. Mit den Fischen auch Geldgewinn in Lotterie oder bei Glücksspiel.

Mit dem Anker:

Eine tiefe Verbundenheit zur Natur aber auch Berufe, die im Freien ausgeübt werden.

Mit dem Kreuz:

Hier wird man wahrscheinlich durch ein Leid, welches man öffentlich sieht oder erfährt, erkennen, dass die eigene Mission im Zusammenhang mit der Hilfe am Nächsten verbunden ist. Dann aber wird man alles tun für andere, was man kann.

Aber auch, ein Mensch, der sich völlig anderen Dingen widmet und gerne hilfreich wirkt.

21. Der Berg

Mit den Wegen:
Kein leichter Weg, den man gehen muss, aber wer ihn mutig geht, wird auch belohnt werden. Aber auch, je nach Begleitkarten: Warnung die falsche Wahl zu treffen.

Mit den Mäusen:
Die Situation wird sich erst bessern, wenn man selbst etwas unternimmt. Wer wartet, dass sich die Probleme auflösen, wird einiges verlieren.

Mit dem Herzen:
Gesundheitliche Probleme: Siehe bei Krankheiten in den Karten.
Bei Gefühlsfragen sagt diese Kombination, dass man verhärtet ist und vielleicht keine wahren Gefühle mehr zulässt.

Mit dem Ring:
Deutlich werden hier Probleme in einer bestehenden Beziehung gezeigt, oder aber eine gewünschte Partnerschaft (gleich welcher Natur) wird nur unter Schwierigkeiten zusammenkommen, oder aber nur Probleme bereiten.

Mit dem Buch:
Dies ist eine schwierige Kombination. Ja nachdem wo sie im Kartenbild liegt und welche Karten im Umfeld liegen, kann sie aussagen, dass man entweder durch eigene Anstrengung zu Wissen und Erfolg findet. Oder aber, dass man sich zu sehr auf andere verlässt und darauf hofft, de Probleme werden von anderen beiseite geräumt. Es kann auch Schwierigkeiten im Denken anzeigen, oder eine sehr

verbohrte Ansichtsweise.
Jedoch auch, ein Geheimnis wird dir Probleme bereiten, rede besser darüber, wer zu lange schweigt, vergrößert die Probleme.

Mit dem Brief:
Nachrichten die Sorgen auslösen werden. Oder es ist schwierig Nachrichten zu empfangen oder zu versenden. Achtung bei Verträgen, hier drohen unnötige Sorgen.

Mit dem Herrn:
Der Fragesteller oder der Herzensmann ist eine recht sture Persönlichkeit, oder aber er hat Probleme im Bereich der Knochen. Hier kann ein Mann dargestellt werden, der seine Probleme rigoros angeht, oder einer der sie übersieht und totschweigt. Was davon zutrifft, müssen die umliegenden Karten zeigen.

Mit der Dame:
Die Fragestellerin oder die Herzensfrau ist eine recht sture Persönlichkeit, oder aber sie hat Probleme im Bereich der Knochen. Hier kann auch eine Frau dargestellt werden, die ihre Probleme rigoros angeht, oder eine die sie übersieht und totschweigt. Was davon zutrifft, müssen die umliegenden Karten zeigen.

Mit den Lilien:
Blockierte Emotionen. Man will all das Schöne um einem herum nicht sehen.
Gesundheitliche Probleme mit den Sexualorganen, aber auch gestörtes Sexualleben.

Mit der Sonne:
Liegt zuerst der Berg, und dann die Sonne, so zeigt dies an,

dass Schwierigkeiten gelöst werden können. Liegt zuerst die Sonne, und dann der Berg so kann man sagen, dass das Glück für eine Weile Pause macht, bis man selbst seine Probleme gelöst hat.

Mit dem Mond:
Hier werden Blockaden im Bereich der Gefühle und/oder der Intuition gezeigt.

Mit dem Schlüssel:
Je nachdem welche Karten noch dabei liegen sagt diese Kombination aus, dass man trotz aller Schwierigkeiten zum Erfolg finden kann, wenn man eigene Anstrengungen einbringt. Mit dem Klee kann es auch aussagen, dass im letzten Moment jemand von außen hilft. Liegen jedoch mehrere spannungsreiche Karten dabei, so muss man alleine nach einem Weg aus den Sorgen heraus suchen. Hilfe von außen sollte man dann eher nicht erwarten. Aber auch, trotz großer Anstrengung können Verluste drohen.

Mit den Fischen:
Finanzielle Probleme. Ob und wie diese gelöst werden müssen die umliegenden Karten aussagen.

Mit dem Anker:
Probleme im Bereich der Arbeit werden sich zeigen. Je nachdem auf welcher Seite des Berges der Anker zu liegen kommt, kann man sagen ob und wie diese lösbar sind. Siehe hier auch Beispiellegung 6.1 mit der Kombination Sarg und Schlüssel.

Mit dem Kreuz:
Unüberwindbare Probleme. Hier sollte wirklich ein ganz

anderer Weg gesucht werden, oder man sollte die Probleme einfach ruhen lassen, da sie zumindest in den kommenden neun Monaten nicht aufzulösen sind.

22. Die Wege

Mit den Mäusen:

Hier wird man gewarnt, dass man die zukünftige Richtung überdenken sollte, es können Verluste drohen, wenn man an dem gewählten Weg festhält.

Es ist Zeit, den Weg zu ändern, um positivere Ergebnisse zu erreichen.

Aber auch, Verluste durch eine Entscheidung, oder aber eine neue Entscheidung verhindert Verluste. Hier kommt es natürlich darauf an, welche Karten dabei liegen.

Mit dem Herzen:

Eine Entscheidung den Gefühlsbereich betreffend steht an.

Aber auch eine Entscheidung, die einem nicht leichtfällt.

Wenn Personenkarten dabei liegen kann es auch zeigen, man steht zwischen zwei Menschen.

Mit dem Ring:

Hier fällt die Entscheidung zwischen zwei Verträgen nicht leicht. Manchmal bedeutet es auch, dass man nicht zwischen zwei Menschen entscheiden will und zweigleisig fährt.

Mit dem Buch:

Man hat zwei gute Möglichkeiten zur Auswahl, was oder wie man sich entscheidet, müssen die Nachbarkarten sagen.

Mit dem Brief:

Es kommen mindestens zwei verschiedene Nachrichten.

Oder die gewünschte Nachricht braucht noch Zeit, bis der Absender sich entscheidet.

Mit dem Herrn:

Ein Mensch, der viel mit Entscheidungen und neuen Innovationen zu tun hat. Wie die Entscheidung oder Handlungsweise sein wird, zeigen die anderen Karten an.

Mit der Dame:

Ein Mensch, der viel mit Entscheidungen und neuen Innovationen zu tun hat. Wie die Entscheidung oder Handlungsweise sein wird, zeigen die anderen Karten an.

Mit den Lilien:

Hier geht es um ideologische Entscheidungen, aber auch darum zu entscheiden, ob man bei althergebrachtem und Bewährtem bleibt, oder ob man seinem Gefühl vertraut und sich auf neue Möglichkeiten und Situationen einlässt.

Mit der Sonne:

Hier werden Entscheidungen getroffen, die mehr als Erfolg bringen werden.

Auch der erste Schritt in die Selbständigkeit.

Mit dem Mond:

Hier muss sich jemand entscheiden, ob er seinen Träumen folgen und einiges dafür riskieren will oder ob er im alten Trott aber gesichert weitermacht.

Mit dem Schlüssel:

Hier sind Gewinne durch richtige Geld und Wertanlagen aber auch durch Spekulationen zu erkennen.

Mit den Fischen:

Eine Entscheidung im finanziellen Bereich wird die Richtige sein, auch wenn dies bedeutet, sich gegen etwas zu entscheiden, was man haben wollte.

Aber auch Gespartes wird Weise genutzt.

Mit dem Anker:

Straßenbau, Schienennetze und Autobahnen usw. werden hier symbolisiert. Ob es hier nun um Reisen oder Arbeit geht und was genau gezeigt werden soll, müssen die restlichen Karten zeigen.

23. Die Mäuse

Mit dem Herzen:

Liebeskummer. Verluste im Gefühlsbereich.

Auch man verliert die Zuneigung von jemandem.

Mit dem Ring:

Eine Beziehung kriselt und droht zu zerbrechen.

Aber auch ein Vertrag kann gefährdet sein. Näheres sagen die Nachbarkarten aus.

Mit dem Buch:

Eine schriftliche Angelegenheit, ein Vertrag oder eine Police gehen verloren oder sind nicht auffindbar.

Mit dem Brief:

Eine Nachricht geht unterwegs verloren.

Mit dem Herrn:

Hier wird ein Mensch gezeigt, der gerne nörgelt oder der viele Zweifel hegt. Aber auch Krankheit könnte hier für den Fragesteller oder den Herzensmann angezeigt sein.

Mit der Dame:

Hier wird ein Mensch gezeigt, der gerne nörgelt oder der viele Zweifel hegt. Aber auch Krankheit könnte hier für die Fragesteller/in oder die Herzensdame angezeigt sein.

Mit den Lilien:

Die Sexualität liegt im Verlust oder wird vom Gegenüber abgelehnt.

Aus welchen Gründen dies so ist, müssen die umliegenden Karten erklären.

Mit der Sonne:

Hier droht Brandgefahr oder eine elektrische Störung. Liegt das Haus bei der Kombination, sollten die elektrischen Leitungen Kabel und Geräte im Haus – der Wohnung überprüft werden. Aber auch ein teures Gerät geht kaputt oder verloren.

Mit dem Mond:

Hier ist das seelische Wohlbefinden gestört.

Aber auch, seelischer Kummer durch einen Verlust.

Näheres sollten die umliegenden Karten zeigen.

Mit dem Schlüssel:

Das Glück ist brüchig und man sollte gut auf das eigene Verhalten achten, sonst könnte man ohne es eigentlich zu wollen, viel zerstören.

Aber auch, dass was dem Glück im Wege stand, geht in den Verlust und bessere Zeiten stehen an.

Mit den Fischen:

Hier wird ein finanzieller Verlust symbolisiert.

Liegen jedoch Karten wie die Sonne, der Klee usw. dabei,

so kann man sagen, die Pechsträhne im finanziellen Bereich ist nun vorbei,

Oder aber, man hat nun all seine Schulden beglichen und ist wieder frei von finanziellen Sorgen.

Mit dem Anker:

Die Pechsträhne wird noch anhalten. Wie lange sollten entsprechende Zeitkarten anzeigen können.

Mit dem Kreuz:

Hier werden deutlich Prüfungsphasen im Leben angezeigt. Was jetzt an Missgeschicken, an Störungen und Verlusten geschieht, dient der charakterlichen Weiterentwicklung.

24. Das Herz

Mit dem Ring:

Eine Liebesverbindung.

Mit dem Buch:

Heimliche Gefühle. Aber auch, unterdrückte Gefühle.

Mit dem Brief:

Eine Liebesnachricht. Oder ein Liebesbrief. Aber auch jede andere Nachricht, in der es um Gefühle geht. Mit den Mäusen, und/oder der Sense kann es eine zurückgewiesene Liebe sein. Oder der andere empfindet keine Liebe für einem.

Mit dem Herr:

Der Fragesteller oder Herzensmann trägt Liebe im Herzen. Zu wem und ob diese erwidert wird, müssen die umliegenden Karten zeigen.

Mit negativen Karten dabei kann es aussagen, dass er unglücklich verliebt ist, auch hier auf die umliegenden Karten befragen.

Mit dem Baum oder den Mäusen kann die Karte auch auf Erkrankungen hinweisen.

Mit der Dame:

Die Fragestellerin oder Herzensdame trägt Liebe im Herzen. Zu wem und ob diese erwidert wird, müssen die umliegenden Karten zeigen.

Mit negativen Karten dabei kann es aussagen, dass sie

unglücklich verliebt ist, auch hier auf die umliegenden Karten befragen.

Mit dem Baum oder den Mäusen kann die Karte auch auf Erkrankungen hinweisen.

Mit den Lilien:

Hier sollte darauf geachtet werden, auf welcher Seite die Lilien liegen.

Liegen zuerst die Lilien, dass das Herz so erkennt man sich wohl zuerst über die körperliche Anziehung. Liegt zuerst das Herz, und dann die Lilien, so erkennt man sich zuerst über die Gefühle. Liegen die Mäuse, der Fuchs oder die Schlange dabei, so ist dies eine Warnung, dass hier keine wirklich tiefen Gefühle entgegengebracht werden, sondern, dass es vorrangig um die körperliche Ebene gehen könnte.

Mit der Sonne:

Hier wird eine tiefe Verbundenheit und Liebe gezeigt. Sofern nicht viele spannungsreiche Karten dabei liegen, kann man hier ehrliche Gefühle aussagen.

Jedoch nicht gleich eine schlechte Beziehung vorhersagen, wenn eine oder zwei spannungsreiche Karten in der Nähe liegen. Hier muss differenziert werden. Denn jede wirklich gute Beziehung braucht auch ein gewisses Maß an Spannung. Also die umliegenden Karten genau analysieren bevor eine oder keine Liebe ausgesagt wird.

Mit dem Mond:

Sehnsucht, Liebesträume und Phantasien.

Mit dem Schlüssel:

Jemand liebt dich und Du hältst den Schlüssel zu seinem Herzen in Händen, nur siehst Du es nicht oder willst es vielleicht nicht erkennen oder glauben. Auch kann es sein, dass Du selbst mit deiner Liebe zu jemandem so beschäftigt bist, dass Du denjenigen der dich wirklich liebt, übersiehst. Auf alle Fälle ist Liebe für dich da.

Mit den Fischen:

Verlieben im Bereich der Arbeit. Oder Du lernst jemanden über deine oder seine Arbeit kennen.

Mit dem Anker:

Beständige Liebe.

Mit vielen spannungsreichen Karten sagt es jedoch, dass eine Beziehung oder Liebe zerbrechen könnte.

Mit dem Kreuz:

Entweder unglückliche Liebe.

Oder aber, je nach Begleitkarten auch eine karmische Liebe.

25. Mit dem Ring

Mit dem Buch:
Ein Ehevertrag. Ob dieser nun positiv für beide oder eher negativ für einen ist, muss das gesamte Kartenbild zeigen. Hier können im beruflichen und/oder materiellen Bereich Heimlichkeiten und verborgene Abmachungen oder Verträge gezeigt werden. Aber auch, sofern der Fuchs oder die Schlange usw. in Verbindung liegen, es gibt versteckte Klauseln, die einem sehr schaden können.
In Verbindung mit Gefühlen zeigt hier der Ring oftmals eine weniger schöne Seite. Eine Liebesbeziehung wird wohl heimlich geführt. Mit dem Berg oder dem Anker oder dem Kreuz dabei, wird sich daran auch nichts ändern.
Mit den Wolken oder den Mäusen in der Nähe, kann diese Verbindung viel Unglück und Tränenbringen.

Mit dem Brief:
Eine Nachricht, welche eine Verbindung betrifft.
Auch Vorverträge. Oder Bewerbungsunterlagen.

Mit dem Herr:
Hier kann die Karte entweder darauf hindeuten, dass der Fragesteller oder der Herzensmann eine Partnerschaft wünscht, aber auch, dass dieser schon gebunden ist. Hier muss genau geschaut werden, ob nicht noch eine andere Person in direkter Verbindung zu dem Ring liegt.
Liegen hier die Mäuse dabei, so zeigt es, dass er eine Partnerschaft verlieren wird, oder unter einer solchen leidet.
Mit der Sense dabei befindet er sich in einer Trennung oder eine solche steht ihm bevor.
Mit Karten wie dem Berg, den Ruten und Ähnlichen, will dir diese Kombination zeigen, dass der Herr keine

Beziehung zu dir oder eben zur Fragestellerin möchte.

Mit der Dame:
Hier kann die Karte entweder darauf hindeuten, dass die Fragestellerin oder die Herzensfrau eine Partnerschaft wünscht, aber auch, dass diese schon gebunden ist. Hier muss genau geschaut werden, ob nicht noch eine andere Person in direkter Verbindung zu dem Ring liegt.
Liegen hier die Mäuse dabei, so zeigt es, dass sie eine Partnerschaft verlieren wird, oder unter einer solchen leidet.
Mit der Sense dabei befindet sie sich in einer Trennung oder eine solche steht ihr bevor.
Mit Karten wie dem Berg, den Ruten und Ähnlichen, will dir diese Kombination zeigen, dass diese Frau keine Beziehung zu dir oder eben zum Fragesteller möchte.

Mit den Lilien:
Hier wird eine tiefe Verbundenheit gezeigt. Aber auch unauflösbare Verträge oder Abmachungen.
Jedoch auch, in dieser Beziehung stimmt auch die erotische Anziehung.
Liegen jedoch Fuchs oder die Schlange, mit einer anderen Personenkarte dabei, dann Achtung, hier könnte ein Fremdgehen gegeben sein.

Mit der Sonne:
Eine wirklich glückliche Verbindung, die auch kaum von spannungsreichen Karten gestört wird.

Mit dem Mond:
Sehnsucht oder der Wunsch nach einer Partnerschaft.
Mit dem Schlüssel:
Egal, um welche Art Bindung es hier geht, diese dürfte

zumeist positiv sein. Wenige spannungsreiche Karten drumherum zeigen nur kurze Störfaktoren an. Ansonsten liegt hier eine stabile Beziehung.

Mit den Fischen:
Hier könnte eine Warnung gegeben sein, dass nicht immer alles gut ist, was so scheint. Es dürfte hier innerhalb dieser Bindung oder Vertrages, öfter starke Schwankungen geben.

Mit dem Anker:
Fester Vertrag oder ein dauerhaftes Abkommen.
Mit vielen spannungsreichen Karten sagt es jedoch, dass eine Beziehung oder Liebe zerbrechen könnte.

Mit dem Kreuz:
Eine Bindung oder ein Vertrag bringen auf Dauer eher Probleme und Sorgen mit sich.

26. Das Buch

Mit dem Brief:
Berichterstattungen und Journalismus gehören zu dieser Kombination.
Aber auch dass Geheimnisse bekannt werden.

Mit dem Herr:
Eine Nachricht vom Herzensmann oder eine Nachricht für den Fragesteller.
Aber auch, der Fragesteller oder der Mann um den es geht, hat viel mit Verträgen und Abmachungen oder dem Schreiben zu tun.

Mit der Dame:
Eine Nachricht von der Herzensfrau oder eine Nachricht für die Fragestellerin.
Aber auch, die Fragestellerin oder die Frau, um die es geht, hat viel mit Verträgen und Abmachungen oder dem Schreiben zu tun.

Mit den Lilien:
Eine ganz besondere Einladung.
Aber auch ein Angebot zur Hilfe wird kommen.
Möglich ist auch, dass dir jemand seine tiefsten und geheimsten Gefühle berichtet.

Mit der Sonne:
Eine sehr positive Nachricht ist unterwegs. Bei bestimmten Fragen zum Kartenbild sagt diese Kombination ein deutliches und positives Ja aus.
Liegen nur positive Karten dabei, so ist hier eine wunderbare Chance zu erkennen, dass etwas Bindendes die Zukunft absichert. Zu was diese gehört müssen die

umliegenden Karten zeigen.
Liegt aber in unmittelbarer Nähe die Sense, die Ruten, Mäuse oder ähnliche Karten, so kann es bedeuten, dass eine zuerst positive Nachricht sich später plötzlich ändern kann, oder dass die Angelegenheit später ins Negative kippt, da nicht alles offenbart wurde, was die Angelegenheit betrifft.

Mit dem Mond:
Eine Zusage oder ein Vertrag kommt sehr spät, oder in der Nacht.

Mit dem Schlüssel:
Eine Erfolgsnachricht oder ein Vertrag, welche Erfolg mit sich bringen.

Mit den Fischen:
Eine wertvolle Zusendung. Auch ein Wertgegenstand aus dem Bereich Kunst oder Poesie.
Aber auch Bewerbungsunterlagen werden positiv beantwortet. Liegen spannungsreiche Karten dabei, muss sie Aussage entsprechen angepasst werden.

Mit dem Anker:
Hier wird etwas einen Arbeitsvertrag betreffend berichtet oder eine andere berufliche Verbindung wird angekündigt.

Mit dem Kreuz:
Hier steht eine Verbindung bevor, die das Leben total verändern wird. Ob positiv oder negativ müssen die umliegenden Karten berichten.

27. Der Brief

Mit dem Herrn:

Nachricht vom/für den Herzensmann, oder der Fragesteller oder Herzensmann hat mit Schriftstücken zu tun.

Mit der Dame:

Nachricht von/für die Herzensdame oder die Fragestellerin oder Herzensdame hat mit Schriftstücken zu tun.

Mit den Lilien:

Eine liebevolle Nachricht. Aber auch empathische Hilfestellung.

Mit der Sonne:

Sehr positive Nachrichten. Aber auch Vertragliches eine Selbständigkeit betreffend. Aber auch, das Internet und die modernen Medien.

Mit dem Mond:

Einladung zu einer späten Veranstaltung. Oder spät abends kommt eine schriftliche Nachricht an. Jedoch auch seelische Verbindung und/oder Mitteilung. Nachricht im Traum oder in einer Vision.

Mit dem Schlüssel:

Sehr positive Mitteilungen werden kommen. Wenn allerdings Verlustkarten dabei liegen, ist die ersehnte Nachricht eher ablehnender Natur.

Mit den Fischen:

Geldsendung, Überweisung, Scheck und Ähnliches. Aber auch ein Gewinnlos kann hier angezeigt werden. Aber auch hier gilt, mit Verlustkarten wird die Auskunft hier eher negativer Natur sein.

Mit dem Anker:

Arbeitsvertrag. Beginn einer Ausbildung. Unterlagen oder Nachrichten eine Arbeit betreffend.

Mit dem Kreuz:

Hier werden Nachrichten angezeigt, die einen etwas erschreckenden Charakter haben.

28. Der Mann

Mit der Dame:
Hier kommt es darauf an, wie die beiden zusammenliegen. Direkt nebeneinander zeigt es zumeist eine Beziehung an, oder eine recht bald kommende Beziehung.
Liegen im direkten Umfeld Karten wie das Herz, der Ring, die Lilien, die Sonne usw. So darf man hier doch eine recht gute Beziehung aussagen. Ob sie so bleibt zeigen die Nachbarkarten. Liegen die beiden jedoch Rücken an Rücken, kann man sagen, beide schauen zu sehr in eigene Lebensgebiete hinein, ohne die des anderen mit einzubeziehen. Es ist kaum eine dauerhaft positive Basis zu richten und diese Beziehung wird eher keinen Bestand haben. Je nachdem welche Karten hier noch zwischen den beiden liegen, kann man auch noch aussagen, aus welcher Richtung noch andere Störfaktoren gegeben sind.
Liegen beide übereinander, ist zwar auch ein gemeinsamer Bezug zu erkennen, oder eine Beziehung, je nach Begleitkarten eben. Aber diese Kombination sagt auch aus, dass der oben liegende am ehesten seine Interessen durchsetzen und in die Beziehung einbringen kann, wobei der unten liegende sehr oft zurückstecken muss. Auch dies keine sehr positive Zukunftsaussage, die Dauerhaftigkeit aussagen könnte.
Allerdings müssen auch die Folgekarten, sowie die umliegenden Karten genau beachtet werden, um zu sagen, ob sich hier vielleicht nicht auch noch etwas verändern kann.

Mit den Lilien:
Hier wird, sofern positive Karten wie z.B. Sterne, Klee, Blumen usw. dabei liegen, ein sehr tiefsinniger Mann dargestellt.

Mit dem Buch kann es sich auch um einen sehr gebildeten Mann handeln, mit den Ruten dabei wird er wohl gerne seine Klugheit beweisen. Mit den Ruten ist es ein Mann, der sich mit seinem „Wissen“ in Grund und Boden reden kann.
Liegen allerdings Karten dabei wie die Mäuse, die Wolken, so haben wir es hier eher mit einem einfachen Geist zu tun.
Mit dem Brief und den Ruten kann gezeigt werden, dass diese männliche Person gerade in Prüfungen steckt usw.
Liegen hier, die Rute und der Mond in Verbindung so wird vor diesem Mann eindeutig gewarnt, da er gerade bei körperlicher Nähe grob werden, mit der Sense in Verbindung sogar brutal werden kann.

Mit der Sonne:
Zum einen zeigt diese Kombination natürlich ein sonniges Gemüt an, sofern keine negativen Karten direkt dabei liegen. Kommen die Mäuse hinzu könnte es aussagen, dass die gute Laune für eine Weile aus guten Gründen verschwindet.
Mit dem Anker oder den Ruten kann es eine Selbständigkeit anzeigen.
Liegen die Lilien oder das Kreuz dabei, so kann es sein, dass dieser Mann total für eine ihm wichtige Sache brennt.

Mit dem Mond:
Hier kommen verschiedene Aussagen in Betracht.
Mit positiven Karten dürfte es sich hier um einen recht harmonischen Mann handeln.
Ein Mann, der viel Einfühlungsvermögen besitzt, wird beschrieben, sofern noch die Lilien hinzukommen, oder die Blumen.
Liegt allerdings der Berg bei dem Mond, so zeigt es einen

Mann an der seine Gefühle, unter Verschluss hält. Mit der Sense zeigt es einen aggressiven Charakter, kommt hierzu noch die Sonne, so zeigt es, dass dieser Mann, auch explodieren, und sich total dabei vergessen kann.

Mit dem Schlüssel:
Hier liegt, wenn weitere positive Karten in der Verbindung liegen, ein sehr erfolgsverwöhnter Mann, der aber auch viel für diesen Erfolg tut.
Mit eher negativen Karten wird ein Mann gezeigt, der z.B. mit den Mäusen, selbst dafür sorgt, dass der Erfolg ferbleibt. Oder mit dem Berg, vor zu gern Problemen steht und nur mit Hilfe anderer zum Erfolg finden kann.
Oder mit dem Mond und dem Kind, ein Mensch, der überhaupt keinen Erfolg möchte, sondern sich nach Einfachheit sehnt.

Mit den Fischen:
Dieser Herr hat, wenn die Sonne und Sterne in der Verbindung liegen, ein gewisses Vermögen.
Liegen allerdings die Mäuse, die Wolken oder der Berg dabei, so hat er große Geldprobleme.
Mit dem Schiff fließt das Geld bei ihm hinaus, so wie es hereinkommt usw.

Mit dem Anker:
Hier wird einfach ein Mann gezeigt, der, wenn positive Karten anbei liegen, gerne und viel arbeitet.
Mit negativen Karten ist eher das Gegenteil angesagt.
Mit den Mäusen könnte er gerade die Arbeit verloren haben.
Mit den Fischen und den Mäusen verdient er nicht genügend usw.

Mit dem Kreuz:
Geht es um Fragen zu einem Herzensmann, so kann man hier sagen, es ist auf alle Fälle eine karmische Verbindung vorhanden.
Alles Weitere dazu müssen die umliegenden r sowie die Querverbindungen aussagen.
Geht es um einen Ratsuchenden, so kann es aussagen, dass er gerade in einer Prüfungsphase des Lebens steckt, ob diese positiv oder negativ ist, und/oder verläuft, zeigen die weiteren Karten oder weitere Auslegearten an.
Jedoch hat diese Karte auch einen starken gesundheitlichen Bezug dahingehend, dass man sich zu viel auflädt oder aufgeladen bekommt und unter dem Gewicht der Belastung krank wird.

29. Die Dame

Mit den Lilien:
Hier wird, sofern positive Karten wie z.B. Sterne, Klee, Blumen usw. dabei liegen, eine sehr tiefsinnige Frau dargestellt.
Mit dem Buch kann es sich auch um eine sehr gebildete Frau handeln, mit den Ruten dabei wird sie wohl gerne ihre Klugheit beweisen. Mit den Ruten ist es eine Frau, die einem mit ihrem „Wissen“ in Grund und Boden reden kann.
Liegen allerdings Karten dabei wie die Mäuse, die Wolken, so haben wir es hier eher mit einem einfachen Geist zu tun.
Mit dem Brief und den Ruten kann gezeigt werden, dass diese Person gerade in Prüfungen steckt usw.
Liegen hier, die Rute und der Mond in Verbindung so wird vor dieser Frau eindeutig gewarnt, da sie gerade bei körperlicher Nähe grob werden, mit der Sense in Verbindung sogar brutal werden kann.

Mit der Sonne:
Zum einen zeigt diese Kombination natürlich ein sonniges Gemüt an, sofern keine negativen Karten direkt dabei liegen. Kommen die Mäuse hinzu könnte es aussagen, dass die gute Laune für eine Weile aus guten Gründen verschwindet.
Mit dem Anker oder den Ruten kann es eine Selbständigkeit anzeigen.
Liegen die Lilien oder das Kreuz dabei, so kann es sein, dass diese Frau total für eine ihr wichtige Sache brennt.

Mit dem Mond:
Hier kommen verschiedene Aussagen in Betracht.

Mit positiven Karten dürfte es sich hier um eine recht harmonische Frau handeln.
Eine Frau, die viel Einfühlungsvermögen besitzt, wird beschrieben, sofern noch die Lilien hinzukommen, oder die Blumen.
Liegt allerdings der Berg bei dem Mond, so zeigt es eine Frau an die Ihre Gefühle, unter Verschluss hält. Mit der Sense zeigt es einen aggressiven Charakter, kommt hierzu noch die Sonne, so zeigt es, dass diese Frau, auch explodieren, und sich total dabei vergessen kann.

Mit dem Schlüssel:
Hier liegt, wenn weitere positive Karten in der Verbindung liegen, eine sehr erfolgsverwöhnte Frau, die aber auch viel für diesen Erfolg tut.
Mit eher negativen Karten wird eine Frau gezeigt, die z.B. mit den Mäusen, selbst dafür sorgt, dass der Erfolg fern bleibt. Oder mit dem Berg, vor zu gern Problemen steht und nur mit Hilfe anderer zum Erfolg finden kann.
Oder mit dem Mond und dem Kind, ein Mensch, der überhaupt keinen Erfolg möchte, sondern sich nach Einfachheit sehnt.

Mit den Fischen:
Diese Frau hat, wenn die Sonne und Sterne in der Verbindung liegen, ein gewisses Vermögen.
Liegen allerdings die Mäuse, die Wolken oder der Berg dabei, so hat sie eher große Geldprobleme.
Mit dem Schiff fließt das Geld bei ihr hinaus, so wie es hereinkommt usw.

Mit dem Anker:
Hier wird einfach eine Frau gezeigt, die, wenn positive Karten anbei liegen, gerne und viel arbeitet.

Mit negativen Karten ist eher das Gegenteil angesagt.
Mit den Mäusen könnte sie gerade die Arbeit verloren haben.
Mit den Fischen und den Mäusen verdient sie nicht genügend usw.

Mit dem Kreuz:
Geht es um Fragen zu eine Herzensfrau, so kann man hier sagen, es ist auf alle Fälle eine karmische Verbindung vorhanden.
Alles Weitere dazu müssen die umliegenden Karten sowie die Querverbindungen aussagen.
Geht es um eine Ratsuchende, so kann es aussagen, dass diese gerade in einer Prüfungsphase des Lebens steckt, ob diese positiv oder negativ ist, und/oder verläuft, zeigen die weiteren Karten oder weitere Auslegearten an.
Jedoch hat diese Karte auch einen starken gesundheitlichen Bezug dahingehend, dass man sich zu viel auflädt oder aufgeladen bekommt und unter dem Gewicht der Belastung krank wird.

30. Die Lilie

Mit der Sonne:
Hier wird ein tiefgehender intellektueller Kontakt per Internet oder Telefon gezeigt. Das was früher die Brieffreundschaft war, wird hier über die elektronischen Medien berichtet. Wie sich dieser Kontakt entwickelt, müssen die umliegenden Karten zeigen.
Die Kombination, sofern das Herz dazu fällt, zeigt auch an, dass man seine große Liebe eben über Internet oder Ähnliches kennenlernt.
Aber auch, sofern die Ruten oder Vögel dabei liegen, eine hitzige Affäre.

Mit dem Mond:
Hier werden sehr tiefe Gefühle gezeigt. Oftmals taucht diese Kombination nur bei einer Person auf. Hier sollte sehr achtsam gedeutet und ausgesagt werden.
Oft kann man diese Kombination finden, wenn sich jemand regelrecht in die Gefühle für einen anderen verrannt, hat.
Liegen überwiegend positive Karten dabei und die andere Person ist einem im Kartenbild zugewandt, also in direkter Verbindung, so kann hier auch eine positive gegenseitige Liebe gezeigt werden. Liegen aber eher spannungsreiche und/oder ablehnende Karten dabei, so wird hier eher keine Gegenliebe zu finden sein.

Mit dem Schlüssel:
Dies zeigt einen Menschen, mit einem tiefen Verständnis in die Wirkungsweise des Lebens.
Beruflich zeigt sich hier aber auch alles was mit Elektronik und Metall zu tun hat.

Mit den Fischen:
Auch hier wird tiefer Glaube angezeigt, jedoch auch ein angeborenes Vertrauen in das eigene Leben. Mit spannungsreichen Karten wird man darauf hingewiesen, dieses Vertrauen wieder an die Oberfläche zu lassen, um einen neuen erfolgreichen Weg zu beginnen.

Mit dem Anker:
Diese Kombination ist sehr interessant, wenn es um berufliche Fragen geht. Denn sie zeigt ein sehr großes Talent bei der Person an, welche in direkter Verbindung dazu liegt. Natürlich können dies auch mehrere Personen sein.
Um Näheres zu erfahren, schaut man sich die jeweiligen umliegenden Karten sowie zugehörigen Querverbindungen an.

Mit dem Kreuz:
Tiefe Religiosität für eine ungefähre Richtung siehe folgende Kombinationen.
Mit den Fischen – eher christlicher Glaube.
Mit dem Turm – islamischer Glaube.
Mit den Sternen - Verehrung des alten Glaubens.
Wicca – mit dem Baum,
Kelten – mit dem Berg,
Schamanismus – mit dem Bären.
Buddhismus – mit dem Schiff.
Mit den Blumen – eher glaubensfrei usw. werden durch diese Kombination dargestellt.

31. Die Sonne

Mit den Sternen:
Erfolgskombination. Egal was dabei liegt, es ist von Erfolg gekrönt. Jeder Lebensbereich ist angesprochen. Bei angespannter Situation zeigt dies an, es wird sich alles auflösen und zum positiven wenden.
Mit dem Schlüssel:
Auch hier eine absolute Erfolgskombination, allerdings hier hauptsächlich Beruf und Karriere und Talente betreffend.
Mit den Fischen:
Selbständigkeit oder eine höhere Anstellung. Aufstieg im Beruf. Oder neue Anstellung mit viel Verantwortung und Leuten, über denen man rangmäßig stehen wird.
Mit dem Anker:
Absolute Erfolgskombination für alle vertraglichen Angelegenheiten.
Aber auch Erfolge über die bisherigen Gebiete hinaus. Hier wird im Grunde eine Selbständigkeit vorhergesagt oder eine bestehende als erfolgreich angezeigt.
Mit dem Kreuz:
Das Glück ist momentan etwas abgebremst und schwer zu finden. Man sollte einfach bemüht sein diese Durststrecke mit Charakter zu tragen. Es kommen bessere Zeiten. Aber auch, man sollte die Phase des Stillstandes nutzen, um künftiges zu Planen und vorzubereiten.

32. Der Mond

Mit dem Schlüssel
Nachrichten aus der geistigen Welt.
Aber auch Nachrichten, welche die Seele erleichtern.
Mit negativen Karten allerdings sagt die Kombination aus, dass Informationen kommen, welche seelisch belastend sind.

Mit den Fischen
Veränderungen im seelischen Bereich.
Aber auch, Geld durch Bereiche, welche dem Seelenwohl anderer dienen, wie z.B. Musik, Kunst, Poesie und Ähnliches, jedoch auch durch spirituelle und/oder mediale Tätigkeit.

Mit dem Anker
Seelische Ausgeglichenheit.
Aber auch, endlich kommt Stabilität in die Bereiche, welche einem am meisten belastet haben.

Mit dem Kreuz
Seelische Belastung. Oder körperliche Beschwerden können durch die Seele ausgelöst werden.
Mit den Sternen können hier auch Trancereisen, Meditation, Auraarbeit etc. angezeigt werden.

33. Der Schlüssel

Mit den Fischen:
Finanzieller Erfolg steht an.

Mit dem Anker:
Anhaltender Erfolg. Karriere kann nun beginnen.

Mit dem Kreuz:
Es bedarf viel Anstrengung, um zum Erfolg zu kommen. Dieser wird dann aber dauerhaft sein.

34. Die Fische

Mit dem Anker:
Materieller oder aber beruflicher Erfolg steht bevor und wird auch anhalten.

Mit dem Kreuz:
Schwierigkeiten in finanziellen oder beruflichen Bereich.

35. Der Anker

Mit dem Kreuz

Diese Kombination zeigt an, dass alles was in unmittelbarer Nähe liegt, noch eine Weile beschwerlich laufen wird.
Schwierige Zeiten wollen nur nach und nach besser werden.

4. Personenbeschreibungen

Körperliche und charakterliche Erscheinungen:

Je nachdem welche Karten bei einer Personenkarte liegen, kann man Aussagen über Aussehen oder Charakter tätigen.

<u>Das sind folgende Bedeutungen:</u>

Mit dem Reiter:

Sportliche Figur, schlank, sehnig, gelenkig. Wirres oder leicht lockiges Haar, lebhafte Gesichtszüge.

Mit dem Klee

Vielseitig, lustig, meist gute Laune, gutes Gespür für Gelegenheiten. Gut geformt, nicht eckig, nicht dick. Polster an den richtigen Stellen. Meist funkelnde Augen, lebhafter Blick. Haarfarbe eher wechselnd oder getönt/gefärbt.

Mit dem Schiff

Hier kann eine ausländische Person angezeigt sein. Eher der südländische etwas dunklere Typ.

Manchmal sind diese Menschen etwas schwammig und behäbig, aber trotzdem wendig, nicht sehr groß, sondern eher klein bis durchschnittlich groß.

Mit dem Haus:

Hier haben wir einen gemütlichen Menschen, dem seine Hobbys und ein schönes Zuhause wichtig sind. Sehr wahrscheinlich hat dieser Mensch eine gemütliche Einrichtung und liebt das gesellige Zusammensein Zuhause.

Vom Aussehen her eher etwas mollig, kleine Hände, etwas rundliches Gesicht. Modisch nicht unbedingt den neuesten

Trends folgende, sondern gemütliche und praktische Kleidung.

Mit dem Baum:

Der typische Naturmensch ist hier angezeigt. Eine gerade aufrechte Figur, schwerer Knochenbau, jedoch nicht unbedingt kräftig gebaut. Kräftiger Händedruck und eher etwas dunklerer Typ. Eher Lockiges oder krauses Haar. Selten sind hier die Haare ganz glatt.

Mit den Wolken:

Schlank bis sehr dünn. Knochig und sichtbare Gelenke. Die Haut dürfte eher dünn und durchscheinend sein, wahrscheinlich eher blass. Entweder sehr helle Augen, eher aber eine Neigung zu wechselnder Augenfarbe, je nach Stimmung. Wankelmütiger Charakter, nicht immer zuverlässig.

Mit der Schlange:

Schlank mit Bauchansatz, wendig und gelenkig. Groß mit langen Gliedmaßen.

Mit den Vögeln:

Hier kann ein Mensch gezeigt werden, der schnell nervös und fahrig wir, sehr unsicher ist oder sehr wankelmütig, aber auch jemand, der gerne redet um des Redens Willen.

Eine musisch begabte oder interessierte Person.

Mit dem Turm:

Groß, hager, knochig gewachsen. Eher dünnes Haar, in den Tönen mittelblond bis mittelbraun und eckige Gesichtszüge. Augenfarbe meist grau bis Kühlblau.

5. Legebeispiele

5.1 Großes Blatt

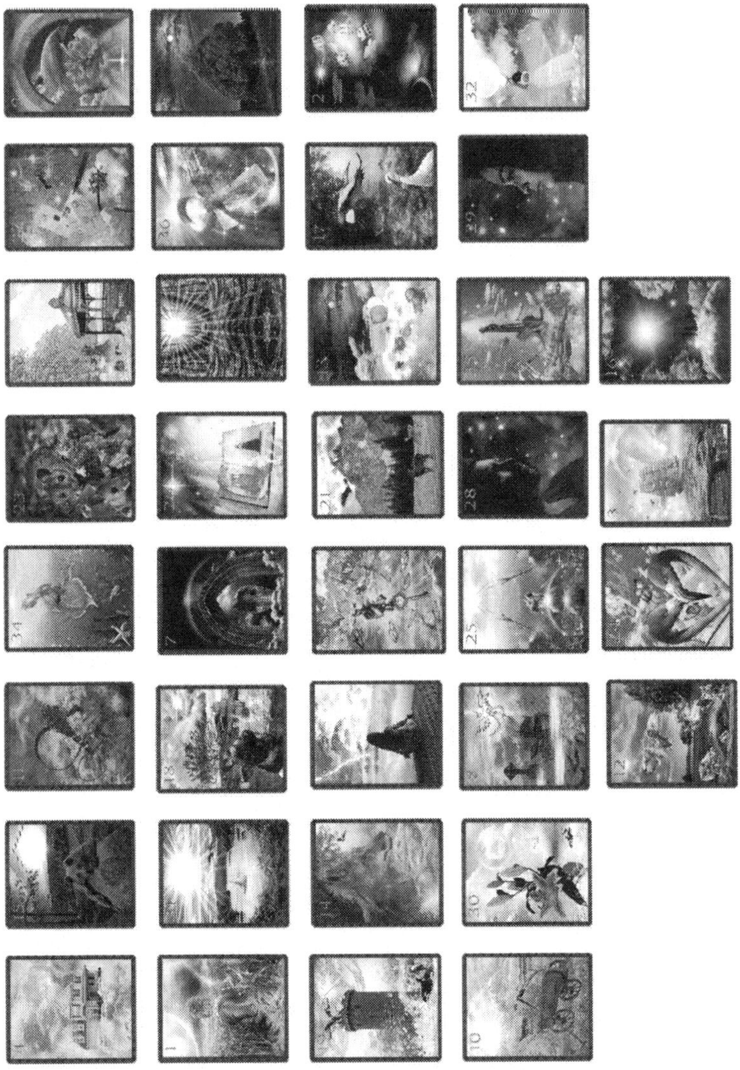

Bei der weitverbreiteten Auslage des großen Blattes, legt man von links nach rechts jeweils acht Karten in eine Reihe aus.

Die letzten vier Karten kommen mittig unten in die fünfte Reihe.

Hier deutet man nun entweder von/m dem/der Fragesteller/in aus, oder von der Karte aus, welche das Thema symbolisiert.

Hier bei dem folgenden Kartenbild möchte ich einmal das Thema Verträge in den Mittelpunkt stellen.

Anhand dieser großen Auslegung vom Foto oben, möchte ich beschreiben, wie ich hier deuten würde.

Man kann bei der ersten Karte anfangen.

Hier das Haus und diese in Bezug zur zweiten Karte deuten, der Bär. Nun könnte man hier sagen, es kommt ein dunkelhaariger Herr ins Haus. Die folgenden Ruten kündigen mit ihm ein Gespräch an, die Fische zeigen an, dass es dabei sehr wahrscheinlich um Geld gehen wird und die folgenden Mäuse warnen hier jedoch deutlich vor einem Verlust. Danach folgt, der Park und der Brief. Ich würde hier nun aussagen, dieser Mann ist mit einer Masche unterwegs (Park) und deshalb wahrscheinlich auch schon, wie der Brief anzeigen könnte, ein wenig bekannt.

Da es hier um Verträge gehen soll, schauen wir uns nun die entsprechenden Symbolkarten an. Da wäre zum einen das Buch. Dieses liegt sehr deutlich unter den Mäusen.

Hierbei befinden sich, rechts davon, die Schlange, links davon die Wege, rechts oben drüber die Fische und direkt unter dem Buch liegt der Berg.

Klar wird hier davor gewarnt (Schlange mit den Ruten und den Mäusen), dass dies, was einem der dunkelhaarige Herr verkaufen möchte, nur Ärger (der Berg) und Verlust (Fische mit den Mäusen) bringt.

Schauen wir und nun den Brief an, der ja unter anderem auch für alles Schriftliche steht, so liegt auch hier eine deutliche Warnung. Direkt unter dem Brief findet sich das Kreuz. Eine klare Aussage, dass dies, was mit dem Brief verbunden ist, eine dauerhafte Belastung mit sich bringen wird, welche sich auch auf die Gesundheit (der Baum) auswirken könnte.

Schauen wir uns jetzt den dunkelhaarigen Herrn näher an. Die Karte der Hund anbei, könnte aussagen, dass er entweder von einer befreundeten Person zu einem geschickt wurde um uns dieses Angebot zu unterbreiten.

Oder aber, dieser Herr versucht sich, mit sehr freundlichem Gehabe einzuschmeicheln und so eine günstige Verkauf-Situation zu erschaffen. Wobei ich hier letztere Aussage wählen würde, da die Schlange beim Hund doch eher eine bewusste Täuschung vermuten lässt.

Die Wolken unter dem Hund jedoch zeigen, dass ihm dies nicht wirklich gelingt, da bei der Kombination die Wolken liegen, welche das aufsteigende Misstrauen verdeutlichen.

Hier bestätigt nun auch der Schlüssel über dem Herrn, dass dieser mit Glück aus diesem Gespräch herausfindet und sich nicht zu einer Unterschrift überreden lässt.

Schauen wir nochmals kurz zu dem dunkelhaarigen Herrn.

Bei ihm finden wir die Sonne direkt zu Füßen, dies bedeutet entweder eine Selbständigkeit bei dem Herrn, oder eben, dass er eigenverantwortlich handelt, indem er die männliche Hauptperson hier (der Herr) über den Tisch ziehen will.

Schauen wir nun einmal von dem Bären (dunkelhaariger Herr) zu der benachbarten Karte, der Hund und gehen von hier aus die Querverbindung weiter nach rechts unten, so stoßen wir hier direkt auf den Herrn. Dies zeigt im Grunde an, dass die beiden miteinander befreundet sind und er dunkelhaarige Herr innerhalb der Freundschaft versucht, den Herrn mit einem negativen Vertrag zu schädigen.

Ich hätte auch in wenigen Worten sagen können, hier wird deutlich vor einem Vertrag gewarnt, bei dem ein mit dem Herrn befreundeter Mann versucht diesen zu benachteiligen um dabei selbst Profit zu machen.

Damit ich euch alle Möglichkeiten zeige, die dieses Kartenbild zu dieser Frage bietet, wollen wir uns nochmals auf den Bären konzentrieren. Rechts von diesem liegt das Haus, darunter der Reiter und darunter folgen Turm und Sense.

Da dies so direkt rechts vom Bären liegt, lässt sich sagen, dass hier aktuelle oder erst vor kurzen eine behördliche Nachricht (Reiter und Turm) zu ihm nach Hause (das Haus) kam, welche ihm eine deutliche Warnung (Sense) zukommen ließ.

Nun liegt unter dem Bären, die Sonne und der Fuchs, sowie die Lilien. Hier kann man im Grunde die Behauptung aufstellen, dass der dunkelhaarige Herr, diese Warnung nicht ernst nimmt, sondern denkt (Wolke rechts mittig von den drei genannten Karten) für ihn ginge alles nochmals glimpflich aus. Womit er leider Recht haben könnte. Beachtet man die Karten vom Turm aus ach rechts, so folgen nach den Warmkarten doch auch recht positive Karten.

Kurz gesagt, wird er hier glimpflich davonkommen, weil der Herr sich gegen den Vertrag entscheidet und auch weiter nichts unternimmt. Worauf der dunkelhaarige Herr auch baut. Zu erkennen an der Karte, der Hund, rechts darunter der Schlüssel und rechts darunter der Herr.

Dies besagt schlichtweg, dass es sich glücklich für den dunkelhaarigen Herrn auswirkt, dass beide eine Freundschaft verband.

Jedoch wird diese Freundschaft aufgelöst werden, aufgrund dieses Vorfalls.

Man beachte unter dem Hund, die Wolken und danach der Sarg und die Vögel. Vom Arg aus nach recht liegt der Ring (das Verbindende) dann der Herr und macht deutlich, dass der Fragesteller oder die männliche Hauptperson, sich von der Bindung an diese Freundschaft rennen wird.

Dies sollte zum Thema Verträge in diesem Kartenbild reichen.

Genauso wie mit diesem Thema kann man jedes beliebige andere Thema in einem Kartenbild anschauen.

Man kann auch mitten im Kartenbild beginnen, wenn man ein spezielles Thema vorrangig behandeln will.

Als Beispiel schauen wir uns einmal das Pärchen in diesem

Kartenbild an.

Der Herr und die Dame liegen recht nahe beieinander. Beide schauen sich auch entgegen, was an sich schon ein sehr positives Zeichen ist. Zwischen beiden liegt einzig der Anker. Dieser kann hier nun verschiedene Bedeutungen haben.

Zum einem, dass es wahrscheinlich öfter Probleme (der Berg) wegen der Arbeit von beiden (da der Anker zwischen beiden liegt) gibt. Hier könnte es sich um ein Zeitproblem handeln und zeigen, dass beide einfach zu wenig Zeit miteinander verbringen können für gemeinsame Unternehmungen (Störche, Schiff, Vögel, Sterne).

Eine Beziehung scheint zu bestehen. Zum einen das nahe beieinanderliegen, zum anderen der Ring direkt hinter dem Herrn und die negativen Karten im Rücken des Ringes, also hinter ihm liegend. In den vier letzten Karten sind auch nur positive Karten zu erkennen. Auch zeigt der Anker hier eine weitere seiner Bedeutungen. Da er zwischen zwei Personen liegt, sagt dies aus, dass beide miteinander verbunden sind, aneinanderhängen und sich mögen.

Als Problem (der Berg) liegt über beiden das Thema Schwangerschaft (Kind, Storch, Baum). Da hier die Lilien weiter wegliegen zeigt dies an, dass es um keine reale Schwangerschaft geht. Ich würde hier aussagen, dass beide sich Nachwuchs wünschen (da es bei beiden zu liegen kommt), man sich aber entschlossen hat, wegen dem Zeitmangel noch zu warten. Dies zeigt der Anker in Verbindung mit dem Kind über ihm (alles Neue, also auch die Geburt), darüber die Wege (als Entscheidung), rechts von den Wegen das Buch, als Abmachung, Vereinbarung etc.

Der Anker zeigt hier noch eine weitere Seite. In Verbindung mit den Sternen direkt unter dem Anker, wird hier angezeigt, dass man sich noch die berufliche Selbstverwirklichung, aber auch positive Veränderungen (Schiff) im Beruf wünscht. Dies betrifft hier zwar beide, liegt aber vorrangig für den Herrn. Diese Aussage tätige ich deshalb, da bei dem Herrn der Anker zu liegen kommt, darunter das Schiff, rechts vom Schiff das Herz (was man sich wünscht) und über dem Herzen liegt der Ring, dies wiederum direkt neben dem Herrn. Der Herr wird also von dem Wunsch nach beruflicher Veränderung und der Selbstverwirklichung (Sterne) genau in die Mitte genommen. Die Schwangerschaft wird noch warten müssen, bis beide, jedoch vorrangig der Herr, beruflich einige Wünsche erfüllt haben.

So kann man wirklich zu jedem gefragten Thema Auskunft geben.

Man sucht die zur Karte passende Symbolkarte und geht von dieser Karte aus, jede Querverbindung durch und bekommt so eine Menge Antworten.

Ich möchte es für den Moment bei diesen Aussagen, zu diesem Kartenbild belassen. Wer jedoch genau hinschaut, wird erkennen, dass man anhand dieses Kartenbildes, sehr viele Aussagen machen und viele Fragen beantworten kann.

5.2 Sarg und Schlüssel

Jede einzelne Karte hat immer verschiedene Bedeutungen in einem Kartenbild, niemals eine Bedeutung alleine.

Man schaut sich genau an, was genau um eine Karte herum liegt. Am meisten lässt sich natürlich berichten, wenn die Karte eher mittig im Bild liegt, als am Rande, da dann die Querverbindungen mehrere sind sowie länger.

Ich möchte hier auf speziell eine Karte eingehen, welche vielen Menschen Angst bereitet.

Gerade diese Karte bietet sich an, um euch einmal zu zeigen, wie vielseitig eine Karte in einem Kartenbild, egal ob eine große oder kleine Legung, eigentlich sein kann.

Der Sarg:

So negativ ist diese Karte im Grunde gar nicht. Man bringt sie einfach gleich mit den Themen Tod, sterben, Vergehen, nicht mehr da sein in Bezug. Es gilt hier wie bei jeder Karte, achtsam zu schauen, wo genau sie liegt, welche Begleitkarten an welcher Seite dabei sind und die Querverbindungen.

Hier möchte ich nun auf die spezielle Kombination mit dem Sarg und dem Schlüssel eingehen.

Der Schlüssel liegt vor dem Sarg

Hier kann man aussagen, dass einem im Bereich der Arbeit das Glück verlässt. Dies wird wahrscheinlich dadurch ausgelöst, dass man die Sorgen, Probleme oder Streitigkeiten im eigenen Heim, mit in die Arbeit trägt und sei dies auch nur gedanklich. Oder aber die Sorgen in der eigenen Familie belasten einem während der Arbeitszeit so sehr, dass die Arbeit darunter leidet und man dadurch Ärger oder Probleme im Job bekommt.

Der Schlüssel liegt hinter dem Sarg

Hier ist die Aussage eine ganz andere. Dadurch dass der Schlüssel vor dem Sarg liegt, lässt sich hier eine komplett andere Zukunftsprognose erstellen.

Probleme und Sorgen im Bereich der Arbeit vergehen, durch Hilfe und/oder Unterstützung (Der Klee), aus dem familiären Umfeld.

Der Schlüssel liegt über dem Sarg

Besonders im Gefühlsbereich wirst Du hier selten eine Antwort bekommen.

Aber, man kann schon in etwa sagen, was jemandem Gedanken bereitet und in welcher Richtung in etwa.

Wenn Du also wissen willst, was einem Menschen in Bezug auf ein bestimmtes Thema durch den Kopf geht, dann schau immer die drei Karten direkt über der Karte an, welche das Thema symbolisiert. Hier beim Sarg wäre es eben die Sense, der Schlüssel, die Wege. Natürlich gehören dazu dann auch die kompletten Querverbindungen, der jeweiligen Karte. Dieses kleine Kartenbild dient nur der Veranschaulichung, wie viele Deutungsmöglichkeiten bei einer Karte gegeben sind.

Hier nun am Beispiel von Sarg und Schlüssel.

Der Schlüssel liegt hier über dem Sarg. Alles was „direkt“ über einer Karte liegt, ist zumeist auch ein Thema, welches der betreffenden Person durch den Kopf geistert. Hier bei obigem Legebeispiel kann man aussagen. Dem/der Person nach der gefragt wurde, gehen verschiedene (Wege) Möglichkeiten und/oder Pläne durch die Gedanken, um die momentan vielleicht etwas prekäre Situation (der Sarg) in der Arbeit zu verbessern (Der Schlüssel). Hier könnte eine sehr spontane (Sense) Idee dabei sein, welche seine/ihre Arbeit (Anker), sehr verändern kann (Störche). Ob dies nun positiv oder negativ wäre, müssten die weiteren Karten im Umfeld entscheiden.

Der Schlüssel liegt unter dem Sarg

Bei diesem Legebeispiel kann ich gleich noch eine weitere Lektion mit einfließen lassen.

Die soft gefragten Gedanken einer Person. Was denkt derjenige usw.

Nun die Gedanken an sich, also was derjenige genau denkt, kann dir niemand sagen und sollte dir auch niemand sagen können. Dies wäre mehr als übergriffig und besitzergreifend dieser Person gegenüber.

Dieses Beispiel, bei dem der Schlüssel unter dem Sarg liegt, beinhaltet auch eine weitere Lektion.

Alles was unter dem betreffenden Thema liegt. Hier also die Sorgen, Probleme etc. dargestellt durch den Sarg, wird nicht beachtet, ignoriert oder abgelehnt usw. Den alten Spruch „Es wird mit Füssen getreten" möchte ich hier benutzen, dass man manches einfach nicht sieht oder unbewusst nicht sehen will, es verdrängt oder aus guten Gründen ablehnt. Was genau der Auslöser für die Nichtbeachtung ist, müssen einmal wieder die umliegenden Karten erklären.

So kann man in einem Kartenbild bei jeder Karte vorgehen. Manchmal bezeichnet dies, was unter der Themenkarte liegt auch einfach nur das Unterbewusstsein.

Nun zu obigen Beispiel.

Derjenige um den es geht, würde dringend Hilfe finanzieller Art brauchen (Die Fische und der Sarg).

Hier kommt nun ein überraschendes (Die Sense) Angebot aus der Familie oder dem engen Umfeld (Das Haus), hier wird durch den Schlüssel unter dem Sarg, deutlich gezeigt, dass derjenige das Angebot ablehnt. Der Berg sagt aus, dass dies aus Stolz, Sturheit und/oder aus Dickköpfigkeit oder ähnlichen Gründen geschieht.

Weitere Karten im Bild würden gewiss aussagen ob die Sturheit anhält oder ob dann doch noch nachgibt. Als Beispiel jedoch genügen obige Karten.

Auf diese Weise kannst Du jede der einzelnen Karten und Kombinationen durch das ganze Kartenbild hindurch deuten.

Ich hoffe, ich konnte dir anhand der Kombination Sarg und Schlüssel nahebringen, wie viele Deutungsmöglichkeiten eine einzige Karte bietet.

Wenn man sich nun noch bewusst macht, dass auch jede einzelne von der Karte oder der Kombination aus abgehende Querverbindung noch Auskünfte zum Thema gibt, kannst Du dir vorstellen, welch reiche Aussagequelle und Vielfalt von Lösungen, Ratschlägen und Analysen dir die Karten anbieten können.

5.3 Die Tageskarten

Hier ziehst Du einfach täglich drei Karten.

Lege sie in der Reihenfolge, wie Du sie gezogen hast in eine Linie. Dies wurde im Kapitel „3. Die Kombinationen mit den einzelnen Karten“ schon angesprochen.

Dies kannst Du morgens für den entsprechenden Tag tun, oder abends für den Folgetag und dir die drei Karten notieren.

Hierzu kannst Du dir auch gleich ein paar Notizen machen, was die persönlich die Kombination dieser drei Karten sagt.

Dazu kannst Du jede einzelne Karte kurz beschreiben sowie die erste mit der zweiten Karte zusammen, die zweite mit der dritten Karte und dann noch alle drei Karten im Gesamtbild. Sollte dir eine oder mehrere Karten mehr Fragen als Ideen aufwerfen, so kannst Du pro Karte nochmals ein bis drei Karten nachziehen. Dies sollte aber nicht die Regel werden.

Notiere alles, was Dir dazu einfällt. Auch wenn es dir persönlich unsinnig vorkommt, schreibe es trotzdem auf.

Du wirst mit der Zeit erkennen, dass es gar nicht so unsinnig war, wie gedacht.

Am Abend oder am folgenden Morgen lässt Du dann den entsprechenden Tag Revue passieren und schaust, welche Vorkommnisse an dem Tag, zu deinen drei (und den evtl. noch extra gezogenen) Karten passen könnte.

Auf diese Weise erschaffst Du dir deine eigenen Bedeutungen und wirst umso vertrauter mit deinen

Karten, als wenn Du dich nur auf die Bedeutungen anderer konzentrierst.

Als Beispiel:

Hier liegt das Kreuz neben dem Herrn, danach folgt die Sense.

Wurden die Karten von einer Frau gezogen, so könnte man hier, bei deren Herzensmann, eine plötzliche Erkrankung im Bereich des Rückens erkennen.

Aber es könnte auch bedeuten, dass an diesem Tag vielleicht eine sehr karmische Begegnung mit einem Herrn stattfinden wird, die so richtig durch und durch geht.

Zieht ein Mann die Karten, kann es aussagen, dass er an diesem Tag besonders auf den Rücken achten sollte, da hier überraschende Beschwerde auftreten könnten. Jedoch könnte es auch hier aussagen, dass ein überraschendes Ereignis eintreten wird.

Hier wäre es, nun sinnvoll einige Karten nachzuziehen. Zieht die Dame nun Karten wie z.B. den Park, das Herz, die Vögel etc. so würde sich hier nun bestätigen, dass es sich sehr wahrscheinlich um eine Neubegegnung handelt.

Mit dem Anker, den Wolken usw., wäre eher ein Herr der Grund, der schon im Leben der Dame ist.

Zieht ein Herr diese Karten nach, wäre es etwas anders zu deuten.
Fiele bei einem Herrn hier nun zum Beispiel der Turm dazu, könnte dies zum einen die karmische Aussage verstärken, es könnte jedoch auch für Krankenhaus sprechen.
Zieht er nun Gefühlskarten dazu, so könnte es sein, dass er an diesem Tag eine sehr außergewöhnliche Begegnung erlebt.

Auf der folgenden Seite gebe ich di ein Beispiel, welches klarer spricht.

Folgendes Beispiel ist recht deutlich in der Aussage und bedarf im Grunde keiner nachgezogenen Karten.

Hier liegt einfach eine finanzielle Nachricht aus dem beruflichen Bereich.
Willst Du nun aber wissen, ob an diesem Tag noch andere Nachrichten kommen, so kannst du nochmals bis zu drei Karten auf den Brief nachziehen.
Die restliche Aussage der Karten würde ich jedoch einfach so stehen lassen.

6. Zeitkarten und Entfernungen

Einige der Lenormandkarten können als Zeit oder
Entfernungskarten gedeutet werden.
Diese stelle ich euch im Folgenden vor.
Außerdem sind einige Karten dabei, welche eher die
Atmosphäre in dem betreffend Ort oder dem
vorausgesagten Ereignis anzeigen.
Hier kann man sehr gut mit den Zusatzkarten kombinieren,
um noch genauere Angaben zu erhalten.

6.1 Zeiten

Die Reiterin
Alles was bei dieser Karte liegt, ist gerade im Entstehen oder schon unterwegs.

Die Sense
Diese Karte sagt aus, dass alles was in Ihrer Nähe liegt, sehr plötzlich kommt. Hier müssen die umliegenden Karten aussagen, ob dies positiv oder ein eher negatives Ereignis ist.

Die Blumen
Diese sagen aus, dass alles was direkt bei der Karte liegt, im Grunde schon in deiner Nähe ist, es will nur von dir erkannt und angenommen werden.

Der Klee
Hier wird ein Zeitraum von bis zu ca. vier Wochen beschrieben.

Die Vögel
Hier wird ein Zeitraum von vier bis acht Wochen angekündigt.

Der Park
Hier wird der Zeitraum von drei bis fünf Monaten angezeigt.

Die Störche
Diese Karte spricht für eine Zeitspanne von fünf bis acht

Monaten.

Die Sonne
Sie zeigt dir eine Zeit an von acht bis zwölf.

Das Schiff
Hier wird eine Zeitspanne von bis zu einem Jahr angezeigt.

Der Turm
Dies ist die längste Zeitangabe. Alles was in Ihrer Nähe liegt, dauert mindestens ein bis eineinhalb Jahre.

Der Baum
Diese Karte zeigt an, dass alles, was um sie herum liegt, dauerhaft in deinem Leben bleiben wird.

Die Schlange
Dies ist keine Zeitkarte im eigentlichen Sinne.
Die Karte sagt aber aus, dass da wo sie auftaucht, ein schwieriger Weg vor Dir liegt, der aber am Ende Erfolg verspricht.

6.2 Entfernungen und Umgebungen

Die Vögel

Diese Karte zeigt eine kurze Entfernung von bis zu 20 Kilometer an.

Die Reiterin

Diese Karte zeigt eine Entfernung von 20 bis 50 Kilometern an.

Das Schiff

Hier zeigt sich eine Entfernung von bis zu 300 Kilometern.

Die Blumen

Dies ist keine Entfernungskarte im herkömmlichen Sinne, sondern sie zeigt an, dass dies, was bei der Karte liegt, sehr nahe ist und sich von selbst offenbaren wird.

Die Sense

Sie sagt aus, dass bestimmte Ereignisse im Grunde vor deiner Nase zu finden sind, sie dir aber erst ganz plötzlich bewusstwerden.

Die Störche

Hier wird eine Entfernung ins Ausland gezeigt.

Die Sonne

Hier wird keine Entfernung, sondern ein Ort angezeigt. Diese Karte sagt aus, dass alles was Sie symbolisiert in einer Stadt sein wird.

Der Baum
Diese Karte wiederum sagt aus, dass die angezeigten Ereignisse in einer eher ländlichen Gegend sein werden.

Der Park
Er zeigt dir eine Umgebung an, die sehr lebhaft ist und viele Freizeitangebote bietet.

Die Sterne
Sie zeigen eine Umgebung an, wie Du sie suchst und in der Du dich von Anfang an wohl fühlen wirst.
Möglich ist auch, dass dich deine Intuition zu diesem Ort führt.

7. Krankheiten in den Karten

Kombinationen für Krankheiten in den Lenormandkarten

Hier gehe ich davon aus, welche Karten bei der Karte „Der Baum“ oder direkt bei einer Personenkarte liegen. Was direkt bei einer Personenkarte liegt, ist akuter zu bewerten als die Karten um den Baum herum. Liegen Baum und Personenkarte beieinander ist die Aussage nochmals verstärkt zu bewerten.
Ich deute diese Kombinationen extra ohne Bezug auf andere Kombinationen.
Siehe Legebeispiel am Ende der folgenden Bedeutungen.
Ich liste hier nur die Karten auf, welche im gesundheitlichen Bereich eine spezielle Bedeutung haben und gebe zu jeder Karte nur einige Richtungen für Erkrankungen an.

Die Reiterin
Dies zeigt an, dass man sich mehr bewegen müsste, um der Gesundheit Gutes zu tun. Liegt hier noch die Sense dabei, so kann es sich um einen Unfall im Bereich Sport und/oder Freizeitaktivitäten handeln.

Der Klee
Hier dürfte alles in Ordnung sein, sofern keine anderen Karten dabei liegen, welche anderes aussagen. Im Falle einer Krankheit sagt der Klee aus, dass Besserung kommen wird.

Das Schiff
Diese Karte zeigt zum einen an, dass auf eine regelmäßige Flüssigkeitszufuhr geachtet werden sollte.
Außerdem ist dies eine von zwei Suchtkarten.
Näheres dazu siehe weiter unten bei der Karte die Störche.

Das Haus
Diese Kombination sagt aus, dass ein Krankenhausbesuch ansteht, oder aber eine Untersuchungsmethode, welche nur im Krankenhaus durchgeführt werden kann. In Verbindung mit dem Park wird eine Kur oder Reha kommen.

Die Wolken
Hier wird der Bereich Kopf, Atemorgane, alles was mit dem Atmen und Sauerstoff zu tun hat angezeigt.
Mit der Schlange auch altersbedingte Vergesslichkeit.
Mit der Sense zeigt es plötzliche Kopfschmerzen, Migräne, Kopfverletzung.

Die Schlange
Diese Karte steht für den Darm und die Verdauung, aber auch für Blutadern, sofern das Herz dabei liegt.
Liegt hier eine Karte für Arzt oder Krankenhaus dabei, sollte man die Diagnosen nochmals bestätigen lassen oder diese hinterfragen. Fehler können passieren.

Der Sarg
Hier werden chronische Erkrankungen angezeigt, welche sehr belastend sind.

Die Blumen
Diese Kombination steht, nur im Krankheitsfalle dafür, sich auch im Bereich der Naturheilkunde umzuschauen, da der Betreffende hier Heilung finden kann.

Die Sense
Diese Karte zeigt Unfälle (in Verbindung mit dem Schiff, die Reiterin usw.) an, sowie Operationen oder plötzlich auftretende Erkrankungen, die sich heftig äußern können.

Die Ruten
Hier wird alles angezeigt was mit Muskulatur, Sehnen und dem Sprechen zu tun hat.

Die Vögel
Man sollte sich viel mehr bewegen, um seiner Gesundheit Gutes zu tun.
Auch, Bewegung ist wichtig für den Genesungsprozess.
Mit dem Mond und/oder den Sternen, auch eine Warnung, die Augen untersuchen zu lassen, da eine Farb- oder Nachtblindheit gegeben sein könnte.

Das Kind
Kinderkrankheiten werden hier gezeigt aber auch, dass für das seelische Wohl ein gewisses Maß an Unbeschwertheit fehlen könnte.

Der Fuchs
Dies könnte, wenn der Hund (Signifikator für Ärzte) dabei liegt evtl. für eine falsche Diagnose oder Behandlung sprechen.

Die Sterne
Liegt diese Karte beim Baum oder einer Personenkarte in Verbindung mit den Ruten, den Wolken so könnte eine seelische Blockierung vorhanden sein.

Die Störche
Hier wird alles angezeigt, was Hüften, Beine und Füße betrifft.
Zum Zweiten ist es bei mir ein der zwei Suchtkarte. Hier kann jegliche Art von Sucht vorhanden sein. Diese Aussage sollte sehr vorsichtig getroffen werden und nur, nachdem

man genügend Erfahrung mit den Karten gesammelt hat.
Gerade diese Kombination möchte ich etwas ausführlicher beschreiben, um Missverständnisse und Falschaussagen zu vermeiden.
Süchte sind so vielseitig und verschieden in Ihren Ausdrucksformen, dass hier wirklich Fingerspitzengefühl, Einfühlungsvermögen und um es nochmals zu erwähnen „Erfahrung" gefordert wird.
Die Karten direkt um das Schiff herum, geben Auskunft, in welcher Richtung eine evtl. Sucht gehen könnte.
Mit dem Anker zum Beispiel wäre es Arbeitssucht. Mit dem Park eine Spielsucht. Mit den Mäusen (welche bei mir auch für die Ernährung stehen) eine Esssucht.
Liegt das Schiff dabei (zweite Suchtkarte) dabei, so kann man hier von einer Sucht ausgehen, welche mit Flüssigkeiten jeglicher Art zu tun hat und dass sehr wahrscheinlich eine Therapie angezeigt wäre.
Ein guter und gewissenhafter Berater hat für solche Fälle eine Liste mit entsprechenden oder Organisationen verfügbar, welche er empfehlen kann.
Mit der Lilie kann es sich um eine Sexsucht handeln.
Die Reiterin kann eine Sucht im Bereich Sport/Bewegung anzeigen.
Dies sollen nur ein paar Beispiele sein.

Der Hund
Dies zeigt eine altersbedingte Erkrankung an, oder einen Arzt.

Der Turm
Hier wird das Krankenhaus angezeigt.

Der Park
Reha oder Kuraufenthalte, oder aber Unternehmungen,

welche der Gesundheit guttun.

Der Berg

Hier werden alle Erkrankungen im Bereich von Knochen, Gelenke, dem Skelett gezeigt.
Aber auch Erkrankungen durch Überbelastung des Körpers wären möglich.
Mit der Sonne dabei können es entzündliche Erkrankungen wie z.B. Rheuma etc. sein. Liegen die Ruten dabei, so sind es eher die Zähne.

Die Mäuse

Liegt diese Karte beim Baum oder bei einer Personenkarte, so werden zumeist schwere Erkrankungen angesprochen. Mit den Ruten z.B. Diabetes, mit der Sense eine dringend notwendige OP. Tumor, Krebs und alles Bösartige, wenn der Sarg in direkter Verbindung liegt.
Es versteht sich von selbst, dass man mit solchen Aussagen äußert vorsichtig umgeht, und im Zweifelsfalle lieber schweigt. Besser ist es, dem Ratsuchenden, oder für die Person, die in den Karten angezeigt wird, dringend einen Arztbesuch nahezulegen.
Mit der Schlange in Verbindung können es schwere Erkrankungen im Bereich von Magen/Darm/Verdauung sein. Liegt eine Suchtkarte dabei, so könnte die Leber oder Bauchspeicheldrüse betroffen sein.

Das Herz

Alles was mit Herz, Kreislauf, Durchblutung zu tun hat.

Der Ring

Hier wird, sofern der Ring bei einer Kombination liegt, welche Krankheit anzeigt, angezeigt, dass die Erkrankung chronisch werden könnte, also dem Fragenden verbunden bleibt.

Der Brief
Dies zeigt deutlich eine Krankmeldung an. Liegt der Turm dabei, kann es sich um eine Untersuchung bei einem Amtsarzt oder Ähnlichem handeln.

Die Lilie
Krankheiten im Bereich der Geschlechtsorgane.
Bei Frauen auch Gebärmutter, Eierstöcke etc.

Die Sonne
Fieber und Entzündungen gehören zu dieser Karte.
In Verbindung mit den Sternen liegt eine Erkrankung im Bereich der Augen nahe.

Der Mond
Hier geht es um seelische Erkrankungen. Mit den Wolken auch um Schlafstörungen.

Der Schlüssel
Zeigt eine erfolgreiche Behandlung von Erkrankungen oder aber positive Untersuchungsergebnisse an.

Die Fische
Hierunter fällt jede Erkrankung im Bereich des Flüssigkeitshaushaltes des Körpers.
Blase, Nieren, Lymphsystem, Wasseransammlungen usw.

Der Anker
Diese Karte zeigt evtl. Erkrankungen im unteren Bereich des Rückens an.
Mit den Ruten dabei könnten es die Bandscheiben sein, mit der Sense eine Rückenverletzung im unteren Rücken, aber

auch der berühmte Hexenschuss. Die Hüften und das Steißbein sowie der Hintern ehren ebenso zu dieser Karte.

Das Kreuz

Diese Karte steht für den Rücken, hier auch die oberen Bandscheiben, die Haltung, und auch für karmische Erkrankungen.

8. Legearten bei Fragen zur Gesundheit

Hier gibt es die Möglichkeit, direkt im ausgelegten Kartenbild zu schauen.
Hier orientiert man sich entweder beider Karte „der Baum“ oder bei der Personenkarte, welche die Person darstellt, über die man gesundheitliche Auskünfte haben möchte.
Hat man die Karte bestimmt, so schaut man alle direkt darum liegenden Karten an.
Diese geben meist Auskunft genug.

Oder aber man legt den Baum oder die Signifikatorkarte auf den Tisch, mischt die anderen Karten, hebt wie gewohnt ab und deutet nach Belieben, die drei oberen Karten. Dann nimmt man die drei Päckchen wieder zusammen, dreht das Deck so, dass das Deckblatt nach oben zeigt und legt wie bei den Legebeispielen gezeigt, von oben herab, vom Kartenpäckchen acht Karten wie gezeigt, um die Karte herum aus und deutet diese im Zusammenhang mit den anderen Karten.

Man kann aber auch, direkt im Kartenbild noch bis zu drei weitere Karten auf die Karte „der Baum“ oder die Signifikatorkarte legen und diese dann deuten.

9. Legebeispiele Gesundheit

9.1 Legebeispiel Eins

Wenn man für sich selbst oder diejenige Person, für welche die Karten gelegt werden, nach der Gesundheit schauen möchte, ist folgende Legeart am besten geeignet. In die Mitte kommt er Baum, als Signifikator für die Gesundheit. Dann legt man in der Reihenfolge wie auf dem Foto nummeriert aus.

Hier liegt das Kreuz, und die Ruten im Bild, was auf den Rücken hinweist sowie die Muskulatur. Der Anker zeigt hier an, dass die Beschwerden eher im unteren Teil des Rückens zu lokalisieren sind. Die Schlange könnte hier bedeuten, dass der Schmerz bis in den Bauchraum ausstrahlt
Aber es könnte hier auch ein Hinweis sein, dass auch noch

Probleme im Bereich des Darms und/oder der Verdauung vorliegen.
Die Karte 29 „die Frau“ zeigt an, dass es sich um die Fragestellerin handelt oder um die Herzensfrau.
Die Reiterin berichtet davon, dass die richtige Art der Bewegung hier Abhilfe schaffen könnte. Und das Schiff in dieser Verbindung könnte aussagen, dass man achtsam an die sportliche Bewegung herangehen und nicht gleich übertreiben soll.
Die Karte „der Klee“ bestätigt, dass man durch Bewegung, eine gesundheitliche Verbesserung erreichen kann.

9.2 Legebeispiel zwei

Auch hier wird wie in Legebeispiel Eins erklärt, gemischt und ausgelegt.

Hier geht es um die Frage, „wie steht es um die Gesundheit der Mutter“.

Als Signifikator wird die Schlange in die Mitte gelegt.

Die Karten „die Mäuse“, „die Sense“ und „der Turm“ sagen aus, dass ein überraschender Aufenthalt im Krankenhaus kommt, wobei hier eine Operation anstehen wird. Sehr wahrscheinlich handelt es sich um den Magen oder aber um einen Tumor. Jedoch können die Karten „das Herz" und „die Mäuse" direkt nebeneinander auch eine Erkrankung des Herzens oder innerhalb des Blutkreislaufes anzeigen.

Über und unter der Mutter liegen „das Herz" und „die Wolken". Dies bedeutet, dass es während dem Eingriff zu Problemen mit dem Kreislauf kommen kann. Der Park dabei sagt jedoch aus, dass alles gut verlaufen wird.

Der Arzt, hier dargestellt durch „der Hund" versteht jedoch sein Handwerk, was „der Park" zeigt und wird diese Operation gut durchführen.

Der Park wiederum mit der Karte „die Störche" berichtet davon, dass im Anschluss an den Krankenhausaufenthalt wohl noch eine Reha oder eine Kur anstehen werden.

Die Wolken mit den Störchen warnen davor, es in Zukunft körperlich nicht zu übertreiben und „der Turm„ bei diesen zwei Karten zeigt, dass zukünftig Krankenhausbesuche anstehen werden, die wohl eher zur Kontrolle gedacht sind.

10. Die Zusatzkarten

Die 19 Zusatzkarten sprechen im Grunde für sich selbst.

Hier möchte ich diese nochmals kurz erklären.

Manche dieser Karten haben noch verschiedene zusätzliche Bedeutungen, auf welche ich im Folgenden eingehen werde.

Die Möglichkeiten, diese zu mit den normalen 36 Karten zu nutzen, erkläre ich in dem Kapitel „Legearten und Legebeispiele der Zusatzkarten“.

10. 1 Zeitkarten

37. Steht kurz bevor

Hier wird alles angezeigt, was unmittelbar in den kommenden ca. zwei Wochen ansteht.

Diese Karte repräsentiert eine Zeitspanne von Jetzt bis zu zwei Wochen.

Liegt diese Karte bei anderen Zeitangaben, so kann man die vorhergehende Zeitkarte um zwei Wochen Minus korrigieren.

Fällt die Karte also zum Beispiel zu einer Zeitkarte, welche ca. zwei Monate (acht Wochen) anzeigt, so kann man diese Angabe auf sechs Wochen minimieren.

38. Vier bis acht Wochen

Wo diese Karte auftaucht, kann man sagen, dass das angezeigte Ereignis nicht vor vier Wochen, aber innerhalb acht Wochen stattfindet.

Also, die kommenden vier Wochen geschieht eher nichts, aber in den Wochen fünf bis acht, kommt Bewegung in die Angelegenheit.

Liegt hier aber, was eher selten vorkommen wird, die Karte der Klee in unmittelbarer Umgebung, so hebt der Klee die Zeitangabe dieser Karte auf. Hier wäre dann die Zeitangabe, von vier Wochen, die korrekte.

39. Drei bis sechs Monate

Hier wird ein Zeitraum von drei bis sechs Monate angezeigt.

Dies besagt, dass die kommenden drei Monate, in der befragten Sache eher nichts passiert, aber wahrscheinlich in der Zeit von vier bis sechs Monate vom Moment der Auslegung ab.

Legt man also zum Beispiel diese Karte am 15. 06., dann wird in der Zeit bis zum einschließlich 15. 09., wenig bis nichts in der Angelegenheit geschehen. Jedoch ab dem 15. 09. bis 15.12. dürfte Bewegung bis hin zu einem Resultat in die gefragte Sache kommen.

Liegt eine niedrigere Zeitkarte mit anbei, so verringert sie die Vorhersage dementsprechend, bei einer höheren Karte kann man die Zeitspanne vergrößern.

Liegt zum Beispiel der seltene Fall vor, dass hier noch z.B. die Zeitkarte sechs bis neun Monate dazu fällt, so kann man den oben genannten Zeitraum um drei Monate verlängern.

Du könntest dann sagen, ein Resultat kommt in der Zeit vom 15.09. bis zum 15.03 im kommenden Jahr.

Liegt eine kleinere Karte dabei, so kannst Du die höher genannte Zeit verkürzen.

Folgendes Beispiel. Du ziehst zu der Karte 39 nun vielleicht noch die Karte der Klee, oder die Karte Nummer 38. Hier kannst Du die Zeit abkürzen vom 15.09 auf den 15.08. Also vier Wochen an der oberen Zeitangabe abziehen. Genauso verhält es sich mit allen Zeitkarten.

40. Sechs bis neun Monate

Hier gelten die gleichen Angaben wie bei den vorhergehenden Zeitkarten. In den kommenden sechs Monaten geschieht kaum etwas bis Nichts.

Ab dem siebten bis neunten Monat wird Bewegung in die gefragte Angelegenheit kommen.

Hier müssen aber immer die umliegenden Karten mit beachtet werden. Bei negativen Karten fällt das Ergebnis der Angelegenheit eher negativ aus.

Fallen hier andere Zeitangaben dazu, so geht man so vor wie in den Karten vorher erklärt.

41. Mindestens ein Jahr

Dies ist die längste Zeitkarte und zeigt eine momentane Stagnation an.

Man kann sie auch „den langen Weg“ nennen.

Hier passiert das Gewünschte mindestens ein Jahr lang nicht. Danach ist es auch fraglich, ob und wann das gewünschte Ereignis eintreten wird.

Mit positiven Arten anbei, wird sich der Weg oder die Wartezeit aber lohnen, man kann es nur nicht verkürzen, jedoch wird der Erfolg, auch wenn er länger braucht, sicher kommen.

Diese Karte kann aber auch ohne Zeitangabe wirken und zeigt an, dass das befragte Thema blockiert oder nicht für die betreffende Person gedacht ist.

Die Karte kann ein Hinweis darauf sein, dass man dabei ist, sich auf einen Weg zu begeben, der nicht der Eigene ist.

Dies gilt, wenn eine der folgenden Karten in unmittelbarer Nähe liegt.

Die Mäuse sagen aus, dass es der falsche Weg wäre und man auf Dauer gesehen mehr verlieren würde als gewinnen.

Die Wolken dabei bedeuten, dass man, wenn man an dem Vorhaben festhält, auf viele Schwierigkeiten stoßen würde, welche vermeidbar wären, und man am Ende doch nicht an sein Ziel gelangen wird.

Der Berg dabei sagt aus, dass man sehr viele Hürden zu überwinden hätte, welche sich sehr lange hinziehen würden, bevor das Ziel überhaupt in Sicht kommt.

Der Fuchs in direkter Verbindung zeigt eindeutig an, dass man sich auf den falschen Weg begibt und das Gewünschte nicht erreichbar sein wird.

Die Schlange will anzeigen, dass man bewusst auf eine falsche Route geschickt wird und man am Ende in einem Irrgarten steckenbleibt.

Mit dem Kreuz jedoch, kann man sagen, dass es ein sehr langer und schwerer Weg wird, man diesen aber gehen muss, um zu erreichen, was man ersehnt und erwünscht.

Dabei sagt das Kreuz aber auch aus, dass es ein Schicksalsweg ist, dem man nicht ausweichen kann.

Mit der Karte der Anker hat man keine andere Wahl, als diesen Weg zu gehen, und wird dabei reifen und viel an Einsichten und Lebensweisheiten gewinnen.

Bei Partnerschaftsfragen lässt sich sagen, dass die Situation so wie sie jetzt ist, mindestens noch ein Jahr so bleiben wird. Oder aber, dass man den geliebten Menschen erst frühestens in einem Jahr näherkommen kann.

Hier sollten jedoch die Begleitkarten genau angeschaut werden, bevor man diese Aussage macht.

10. 2 Die Jahreszeiten

42. Frühjahr

Zum einen ist dies eine Zeitkarte.

Die umliegenden Karten zeigen hier an, was im Frühjahr zu erwarten ist.

Liegt hier die Karte 41. „Mindestens ein Jahr“ in direkter Verbindung, dann bedeutet dies, dass die Aussage zu dieser Karte mindestens ein Jahr dauern wird und im Frühjahr welches nach dem Ablauf des Jahres folgt, eintreten wird.

Ansonsten kann diese Karte aber auch aussagen, dass Neues auf einem zukommt, eben Neues erblühen wird und man mit einem neuen Frühling im Leben rechnen kann. Was genau, sagen die umliegenden Karten aus.

Die Karte möchte manchmal darauf hinweisen, dass man Altes gehen lassen darf, um die Samen, welche man in der Vergangenheit gesät hat, nun bald aufgehen werden und man etwas ganz Neues, zartes, liebevolles und buntes im Leben willkommen heißen kann.

Gleichzeitig fordert die Karte dazu auf, achtsam zu sein und die neuen Dinge im Leben behutsam zu begrüßen, damit diese sich dauerhaft im Leben niederlassen möchten.

Auch kann sie dir mitteilen wollen, dass es an der Zeit ist, wieder Farbe und Frische in dein Leben einzulassen.

Des Weiteren kann diese Karte auch auf den zweiten Frühling im Leben hinweisen.

43. Der Sommer

Auch hier eine Zeitkarte.

Die umliegenden Karten zeigen hier an, was im Sommer zu erwarten ist.

Liegt hier die Karte 41. „Mindestens ein Jahr" in direkter Verbindung, dann bedeutet dies, dass die Aussage zu dieser Karte mindestens ein Jahr dauern wird und im Sommer welcher nach dem Ablauf des Jahres folgt, eintreten wird.

Diese Karte zeigt dir Ereignisse an, welche innerhalb eines Urlaubes stattfinden.

Auch kann sie sagen wollen, dass einmal Abstand von dem erfragten Thema angebracht wäre und es einfach einmal für eine Weile „In Urlaub" zu schicken.

Je nach Thema kann die Karte „Der Sommer" auch aussagen, dass nun die beste Zeit bevorsteht und man diese nutzen sollte.

Vielleicht könnte man auch die Herangehensweise an das erfragte ändern und voller Elan und Kraft, nach neuen Wegen suchen, welche für alle vereinbar sind.

Mit negativen Karten jedoch, sagt sie aus, dass Du dich auf ein zu heißes Gebiet vorwagst und dich dabei verbrennen kannst.

Bei Partnerschaftsfragen kommt es sehr darauf an, welche Begleitkarten vorhanden sind.

Bei negativen Karten sagt sie dir, dass Du dich zu weit vorwagst und vielleicht zu forsch auftrittst. Sie kann aber auch sagen, dass der andere dir sehr deutlich zeigt, dass er absolut keinen Kontakt möchte und Du dich zu trotzdem vorwagst und die Enttäuschung dann sehr groß sein wird.

Bei positiven Karten wird dir eine sehr plötzliche Partnerschaft angezeigt, welche allerdings, im positiven Sinne, sehr lebhaft werden kann.

Jedoch wenn die Karte mit den Lilien in direkter Verbindung liegt, zeigt sie an, dass es sich hier hauptsächlich um eine sexuelle Anziehung handelt.

44. Der Herbst

Auch hier eine Zeitkarte.

Die umliegenden Karten zeigen hier an, was im Herbst zu erwarten ist.

Liegt hier die Karte 41. „Mindestens ein Jahr" in direkter Verbindung, dann bedeutet dies, dass die Aussage zu dieser Karte mindestens ein Jahr dauern wird und im Herbst welcher nach dem Ablauf des Jahres folgt, eintreten wird.

Des Weiteren steht diese Karte für Transformation, für Übergänge in andere Stufen und für die Ernte all dessen, was man gesät hat. Ob dies nun eine gute oder schlechte Ernte wird, zeigen die umliegenden Karten.

Bei Partnerschaften zeigt „Der Herbst" mit negativen Karten, dass man nun in einen Stillstand kommt und der andere oder man selbst sich zurückzieht, um in eine Art Klausur zu gehen. Möglich ist aber auch, dass die Gefühle eines der Beteiligten nun abkühlen und die Liebe sich auflöst.

Man bereitet sich auf den Winter vor und nimmt Abstand von der Beziehung oder dem persönlichen Kontakt. Liegen keinerlei positive Karten dabei, so wird der Abstand bleiben und in eine dauerhafte Trennung oder Abweisung übergehen.

Liegen positive Karten bei dieser Karte, so zeigt dies im Bereich von Liebe und Gefühle an, dass man nun in einen positiven Kontakt übergehen wird. Auch wenn vielleicht gerade ein Stillstand oder Abstand da ist, so wird sich dies wieder ändern und man kann eine ruhige und beständige Beziehung erwarten, die jeden Winter überstehen wird.

Ansonsten zeigt die Karte, je nach beiliegendem Thema eine dauerhafte Transformation an und eine langsame aber spürbare Veränderung. Wie diese am Ende verlaufen wird, müssen die umliegenden oder extra dazu gezogenen Karten aussagen.

45. Der Winter

Auch hier eine Zeitkarte.

Die umliegenden Karten zeigen hier an, was im Winter zu erwarten ist.

Liegt hier die Karte 41. „Mindestens ein Jahr“ in direkter Verbindung, dann bedeutet dies, dass die Aussage zu dieser Karte mindestens ein Jahr dauern wird und in dem Winter welcher nach dem Ablauf des Jahres folgt, eintreten wird.

Die Karte zeigt Ruhe, Stille aber auch Stillstand, frostige Zeiten oder ein Auftauen an. Es wird leise um das befragte Thema herum. Im besten Falle geht es nur um einen Winterschlaf, im negativen Fall um das Einfrieren und totalen Verstummen, all dessen, was um diese Karte herum liegt.

Gerade bei Fragen aus dem Bereich Liebe, wird es still

werden. Rückzüge, bis zum totalen Abstand, das Einfrieren oder Absterben von Gefühlen, kann angezeigt werden, wenn Karten wie zum Beispiel, die Wolken, der Berg, das Kreuz oder die Ruten dabei liegen.

Liegen der Fuchs und der Mond dabei, so ist dies eine deutliche Aussage, dass man die Botschaften des Gegenübers nicht verstehen oder akzeptieren will. Mit den Ruten oder dem Brief, den Vögeln oder dem Buch in Kombination mit einer der oben genannten spannungsreichen Karten, ist dies ein Hinweis darauf, dass es schon einige Signale gab, dass der andere keinen tiefer gehenden Kontakt wünscht, und man es geflissentlich übersieht oder übergeht.

Liegt hier auch noch die Karte 55 „Verschlossenheit“ in der Nähe, so kann man deutlich aussagen, dass der andere keinen Kontakt wünscht, ja diesen sogar deutlich ablehnt.

Hier sollte man ehrlich zu sich sein. Gerade wenn auch noch der Fuchs oder die Schlange in der Verbindung oder Nähe zu finden sind, zeigt dies an, dass man sich selbst belügt. Diese Aussage bezieht sic auch auf fast alle anderen Themen.

Mit positiven Karten kann es aussagen, dass die Zeit noch nicht reif ist und erst einmal eine Art Winterschlaf bevorsteht und es dann nach einer gewissen Zeit (Zeitkarten beachten) sehr positiv entwickeln kann.

Es kann aber auch einfach aussagen, dass das Ereignis eben im Winter stattfindet.

Auch hier können diese Aussagen auf fast jedes Thema angewandt werden.

10. 3 Karmische Zusatzaspekte

46. Verborgenes

Diese Karte zeigt dir jene Lebensthemen an, welche dir noch nicht offenbart werden sollen.

Diese Karte fordert dich auf, nicht jedes kommende Ereignis zu früh aufdecken zu wollen.

Diese Karte ist vergleichbar mit dem Buch, welches auch manches Geheimnis bewahrt.

Jedoch zeigt die die Karte „Verborgenes" jene Themen an, welche einfach noch bewahrt werden sollen, um dich nicht vorzeitig von einem Weg ablenken zu lassen, der noch in der Ferne liegt.

Du darfst Schritt um Schritt deinen Weg finden. Wenn Du diesen Weg achtsam gehst, wird dir das Leben immer wieder einmal einen Einblick geben, in dies, was auf dich wartet.

Der Luchs sitzt hier am Rande eines Weges, der zu Beginn in

Licht getaucht ist, jedoch in kurzer Entfernung den Eindruck erweckt, dass hier der Eingang in eine andere Welt wartet.

Dieser Luchs versammelt Licht und Schatten harmonisch um sich herum und zeigt damit, dass zuerst das eigene Licht aber auch die Schatten miteinander vereinbart werden sollen, damit Du bereit bist, all dies, was auf deinem noch verborgenen Weg wartet, zu erfahren und gleichzeitig auch zu verstehen.

So gesehen ist dies eine sehr karmische Karte, da sie deine Vergangenheit und deine Gegenwart dahinführt, sich harmonisch zusammenzufinden.

Sie fordert dich auf, zuerst alles, was Du an Schatten spürst, anzunehmen und harmonisch in dein Leben zu integrieren, dann wächst Du von alleine in die Antworten deiner Fragen hinein.

Die Antwort auf eine konkrete Frage ist hier, einfach.

Die Zeit ist noch nicht reif, um die Antwort verstehen zu können. Gib deinem Leben die Chance, dir die Antwort zu richtigen Zeit, als Geschenk auf deinen Weg zu legen.

47. Schicksalsentscheidung

Diese Karte möchte dir den Impuls geben, darüber nachzudenken, ob deine Wünsche und Sehnsüchte wirklich zu Dir und deinem Leben passen.

Oder ob Du diese aus einer früheren Inkarnation mitgebracht hast.

Wo hältst Du vielleicht an etwas fest, das überhaupt nicht (mehr) zu dir gehört?

Kann es sein, dass Du an einer Sache oder einem Menschen hängst, die/der nicht zu deinem Leben passt. Oder vielleicht gibt es eine Person, für welche Du tief empfindest, diese wendet sich aber eher von Dir ab?

Vielleicht trägst Du schon lange einen Wunsch mit dir herum und kommst ihm einfach nicht näher.

Dann möchte dir die Karte Schicksalsentscheidung vielleicht sagen, dass andere Dinge oder Menschen auf deinem Weg warten, sofern Du diesen gehst, in dem Vertrauen, dass alles was zu dir gehört auch auf deinen Weg finden wird.

Dafür musst Du aber zuerst einmal ohne Ballast losgehen.

Sie fordert dich auf, zu erkennen, was noch in dieses Leben gehört und was nur noch ein Anhängsel früherer Verhaltensmuster in dir ist.

Lass einfach los, was Du so sehr ersehnst oder wünschst. Und vertraue dem Leben, dass es dir die wundervollsten Erfahrungen, Überraschungen und Menschen auf deinen Weg schickt.

Die „Schicksalsentscheidung" möchte dich dazu anregen, zu erkenne, dass der beste Ratgeber für dich, dein Leben ist. Aber auch, dass nicht jede Sehnsucht und jedes Verlangen, aus diesem Leben kommen.

Lerne zu unterscheiden, auf deine Seele zu lauschen, und Du wirst solche Antworten finden, welche dich zutiefst überraschen können.

Dieses Leben ist sehr klug und wird dich immer genau dahinführen, wo Du gerade gebraucht wirst oder gerade Wichtiges lernen und erfahren kannst.

Jedoch wird es dich niemals in die falsche Richtung führen. Dein Schicksal möchte dir deinen Weg zeigen und dich führen.

Dies erfordert aber, dass Du deinem eigenen Leben und Schicksal auch Vertrauen schenkst.

Diese Karte gibt dir den Impuls, zu erkennen, dass man manchmal an etwas oder jemandem festhält, und sich dabei selbst Leid zufügt und sich selbst blockiert, auf der Reise dahin, wo das Glück wartet.

Sie kann aber auch bei Fragen nach der Liebe zu verstehen

geben, dass hier eine uralte Erfahrung aufgelöst werden kann.

Ob dies nun positiv oder negativ ist, kann dir nur das Gesamtbild oder die Nachbarkarten sagen.

Vielleicht magst Du einmal darüber nachdenken, ob es sinnvoll ist festzuhalten, an Dingen, Situationen, Menschen wo sich nichts auf dich zubewegt, sondern wo die Entwicklung scheinbar von dir weg stattfindet, oder wo eine Blockade nach der anderen wartet.

Vielleicht erkennst Du dabei auch einige karmische Muster in deinem Leben, auf welche diese Karte dich auch aufmerksam machen möchte.

Hier vielleicht loszulassen und sich voller Tatendrang auf den Weg zu machen, mag dir zwar schwerfallen, aber es entfernt dich auch Schritt für Schritt von Leid, in welchem Du dich vielleicht selbst gefangen gehalten hast.

Erfolg warte auf jene, die sich trauen, Neues zu begrüßen. Und manchmal findet dann in der Zukunft dies, was so sehr festgehalten wurde zum richtigen Zeitpunkt auf diesen neuen Weg einfach wieder zu dir. Oder aber, es findet sich genau dies, was wirklich für dich bestimmt ist, auf deiner Reise an deiner Seite ein.

Diese Karte kündigt manchmal karmische Lektionen und Erkenntnisse an.

48. Ruhephase – Stillstand

Dies ist eine sehr karmische Karte.

Hier wird ein Hinweis gegeben, dass man nun in einer Phase des Lebens steht, in welcher man karmische Aufgabe erkennen und annehmen kann. Je nach Thema der Frage ist hier die Aufgabe verborgen.

Es kommt hier sehr auf die umliegenden Karten an, um genau Angaben machen zu können.

Im Grunde fordert die Karte dazu auf, ruhig zu werden, in sich zu lauschen, die Geheimnisse welche sich hier unter der Wasseroberfläche tummeln, nach oben auftauchen zu lassen.

So wie die Seerose reift, so wird sie offenbaren, was aus der gefragten Angelegenheit entstehen kann.

Auch fordert diese Karte dazu auf, in sich zu gehen, keine Hektik zu forcieren um schnellere Ergebnisse zu bekommen, sondern sie sagt dir, momentan ist eine Ruhephase angesagt, um Kraft und Energie für kommendes zu sammeln. Wenn Du besonnen und achtsam bleibst, werden die Ergebnisse für dich perfekt sein, so wie sie gerade in dein Leben passen, um deine Entwicklung zu fördern.

Dies ist aber auch eine karmische Karte der Liebe. Hier wird dir eine Liebe angekündigt, welche schon lange in dir lebt.

Ob dies aber eine rein karmische Liebe oder eine Seelenliebe ist, müssen die umliegenden Karten sowie das komplette Kartenbild zeigen.

Auf jeden Fall kündigt die Karte eine Person an, welche Du aus früheren Inkarnationen kennst.

49. Mutig sein

Diese Karte sagt dir, dass Du hier in einer Situation bist, in welcher Du selbst entscheiden musst.

Eine deiner karmischen Aufgaben kann es sein, zu lernen, dass Lösungen von zu selbstverursachten Problemen, nur durch dich selbst kommen können.

Vielleicht bringst Du dich öfter in Situationen, in denen du dich gerne auf andere stützen würdest, dies um dir selbst zu beweisen, dass Menschen da sind, die helfen und stützen.

Du aber sollst das Gefühl kennenlernen, sich selbst der beste Helfer und Heiler zu sein.

Mutig sein, will dich sprichwörtlich ermutigen, dein Leben selbst in die Hand zu nehmen und zu regeln.

Jedoch kann diese Karte auch bedeuten, dass Du lernen sollst, andere ihr Leben selbst regeln zu lassen und aufzuhören, deine Hilfe aufzudrängen und Mutter Theresa für jeden sein zu wollen. Vielleicht suchst Du dir Bestätigung oder Lebensberechtigung dadurch, dass Du dich mehr auf das Leben anderer konzentrierst als auf dein eigenes und dich so erfolgreich von den eigenen Baustellen ablenkst.

Auch mag es sein, dass Du auf Seelen triffst, denen Du früher die eigene Handlungsfreiheit genommen hast und dies nun in dieser Inkarnation weiterführen möchtest. Du wirst jetzt wahrscheinlich die Erfahrung machen, dass diese Seelen sich dir entweder widersetzen, oder dass solche Seelen auf dich zukommen und deine Hilfe auf irgendeine eise ausnutzen.

Lerne diese Menschen „sein" zu lassen.

Auch bedeutet diese Karte, dass Du dir deiner eigenen Kräfte bewusst werden sollst.

Du sollst dein eigenes Selbstbewusstsein und deine Kreativität finden, befreien und leben darfst.

Sei mutig, werde Du selbst und lerne im Gegenzug, anders sich selbst leben zu lassen, ist die Grundbotschaft dieser Karte.

Die Karte er"mutigt" dich aber auch dazu, das Leben zu erforschen, zu deinem Besten zu verwandeln, ohne anderen damit zu schaden.

In früheren Inkarnationen hast Du vielleicht zu viel eingesteckt, dich gängeln, bevormunden, anleiten und zu Dingen zwingen lassen, die nicht zu dir gehörten. Nun bist DU hier, um ein selbstbestimmtes Leben zu finden, zu erforschen und zu dem deinen zu machen.

Sei so mutig, den Sinn deines Lebens zu finden, sei so waghalsig diesen Sinn dann auch auszuleben, egal, was andere darüber denken oder sagen. Besitze die Courage Du selbst zu werden.

Überall da wo die Karte auftaucht, fordert sie dich auf, den für dich richtigen Weg zu finden und zu gehen. Sie macht dich aufmerksam auf Teile deines Lebens, in welchen Du vielleicht zu sehr von anderen bestimmt wirst, oder aber wo Du dazu neigst, andere zu bevormunden oder anzuleiten. Schau hin, was genau sie dir in den jeweiligen Verbindungen zu sagen hat. Oft hat sie mit Macht/Ohnmacht-Themen zu tun, die bearbeitet werden möchten.

Egal ob Macht über dich ausgeübt wird, oder Du diese über andere führst. Schau hin, handle und habe, wenn nötig den Mut etwas zu ändern, damit sich dein Leben ändern kann.

50. Die Antwort liegt in Dir

Ich nenne diese Karte auch gerne, die Karte der Einweihung. Sie zeigt dir wo deine unbewussten Kräfte wirken und wo Du diese noch weiter ausbilden kannst.

Diese Karte zeigt dir auch deinen Lebensweg und deine Bestimmung an.

Alles was mit Ahnungen, Feingespür aber auch mit einer tiefen Gewissheit über das Wesen der Dinge und Situationen zu tun hat, untersteht dieser Karte.

Du kannst Sie auch „den inneren Schamanen“ nennen. Überall wo diese Karte auftaucht, zeigt sie dir, dass Du deine Antwort, nur bei dir selbst finden kannst, nirgendwo anders wirst Du deine Wahrheit erfahren können, als in Dir.

Auch zeigt dir die Karte an, dass Du vielleicht noch Geduld brauchst um den Dingen auf die Spur zu kommen, oder um eine Lösung zu finden.

Die Karte will dir zeigen, dass egal in welcher Situation, Du dich von der Kraft deines eigenen Wissens und Glaubens leiten lassen sollst.

Sie kann dir aber auch zeigen, ob die Gefühle eines anderen, zu dir hin oder deine zu jemandem anderen hin, echt sind. Liegen die Mäuse dabei, so sagt dies, dass die Gefühle nur kurzer Natur sind und bald vorübergehen.

Mit dem Mond dabei zeigt es dir sehr tiefgehende Gefühle an.

Mit der Sonne solltest Du achtsam sein, dass es kein momentaner Steppenbrand ist, der dich oder den anderen dann verbrannt zurücklässt.

Mit dem Herzen sind hier wahre Gefühle im Spiel, liegen jedoch die Schlange oder der Fuchs dabei, so kann dies eine Warnung sein, dass man sich selbst etwas vormacht.

Mit den Wolken oder dem Berg, kann man sagen, dass hier Gefühle sind, aber diese sind noch zu vergraben, zu undeutlich und es wird noch Zeit brauchen, bis beide Ihrer Gefühle bewusstwerden.

Mit dem Ring, der Partnerschaft oder der Seelenpartnerschaft wirst Du sehr deutlich aufgefordert, deine Liebe betreffend nur auf dich und deine Gefühle zu hören.

Es ist auch die Karte, des/der Heilers/in und Sehers/in, des/der Helfers/in und der Macht über deine Gedankenwelt.

Die Eule zeigt deine dir innewohnende uralte Weisheit, das. Wissen, welche sehr tief in dir schlummert und nur dir gegeben ist. Auch kann dir diese Karte zeigen, wo deine wahren Talente und Begabungen, sowie Bestimmungen verborgen sind.

Aber die Karte zeigt auch deine Welt des Glaubens an, das was dich die Welt sehen, erkennen und verstehen lässt.

Liegt diese Karte bei einer Personenkarte, so kannst Du davon ausgehen, dass diese Person, in irgendeiner Weise, eine sehr tiefe Verbindung zur Mystik, dem Glauben oder der Spiritualität besitzt.

Inwiefern sich diese auswirkt müssen dir die umliegenden Karten zeigen.

Diese Karte zeigt, egal um welches Thema es geht, dass Du selbst dir hierbei der beste Ratgeber bist.

10. 4 Zusatzkarten Partnerschaft

51. Freundschaft

Diese Karte kann einige Illusionen rauben und so zu einer Enttäuschung werden, ob wohl sie doch ein schönes Ereignis anzeigt.

Gerade wenn es um eine Liebesfrage geht, sagt diese Karte absolut deutlich aus, „Nein, dein Gegenüber empfindet keine romantische Liebe für dich. Du bist ihm wichtig und er mag dich, aber mehr auch nicht."

Willst Du wissen, was ein anderer für dich fühlt, so sagt diese Karte ganz einfach aus, dass hier nur Freundschaft erwünscht ist oder nur freundschaftliche Gefühle gegeben werden können.

Es wird zumeist auch nicht so sein, dass aus der Freundschaft noch Liebe erwächst. Dafür ist die Karte der Hund zuständig.

Sondern diese Karte hier symbolisiert auf Dauer nur freundschaftliches Entgegenkommen und fordert dich deutlich auf, in dich zu gehen und deine eigenen Gefühle zu überprüfen und zu hinterfragen, wo Du die Signale des anderen falsch verstanden/interpretiert hast.

Sie will dir zeigen, dass Du bei dir selbst schauen musst, wieso Du Liebe mit einer anderen Art der Zuneigung verwechselt hast.

Dafür aber, kann es eine sehr tiefe, von gegenseitiger Achtung und Gefühlen getragene Beziehung in diesem Sinne werden. Eine Freundschaft, die ein Leben dauern kann, sofern man akzeptiert, dass es nicht tiefer gehen wird.

Taucht diese Karte bei Fragen nach Seelenpartnerschaften auf, so ist sie natürlich zuerst einmal eine herbe Enttäuschung. Jedoch, wenn man erst einmal verstanden hat, dass es auch noch andere tiefgehende Verbindungen außer der romantischen- oder erotischen Begegnung gibt, kann diese Karte den Weg ebnen, für ein lebenslanges Miteinander und Zusammenhalten.

52. Partnerschaft

Da es bei den Zusatzkarten um Seelenpartnerschaften geht, ist hier alles was bei dieser Karte, oder in deren Querverbindungen liegt, von großer Relevanz für eine korrekte Aussage.

Seelenpartnerschaften sind nicht immer angenehm, aber bei weitem auch nicht so oft schmerzhaft, wie allgemein behauptet.

So kann auch diese Karte, wenn sie auftaucht, manchmal alles andere als angenehme Aussagen tätigen.

Was so eine Beziehung so schmerzhaft erscheinen lässt, ist zumeist, dass Klammern von einem der beiden.

Findet sich diese Karte ohne die Karte Seelenpartner ein, so hat man es hier zumeist mit einer einfachen Beziehung zu tun, die ohne große karmische Aufgaben daherkommt. Je nach Begleitkarten wird ersichtlich sein, ob eine Beziehung kommen kann oder eben nicht.

Fällt diese Karte in direkte Verbindung zu normalen Partnerschaftskarten, so wie der Ring, so bekräftigt die Karte nur die Aussage der ersten.

Wird diese Karte auf das normale Kartenbild aufgelegt und sie hat überhaupt keinen direkten Bezug zu Partnerschaftskarten der normalen 36 Karten, so sollte hier die Aussage mit viel Bedacht getätigt werden, denn diese könnte ein Hinweis sein, dass eine Partnerschaft zwar erwünscht, jedoch aus irgendwelchen Gründen nicht lebbar ist. Diese Gründe liegen meist auch in der direkten Verbindung zu Karte Nummer 52.

Diese Karte zeigt, wie ihr Name schon sagt alles Partnerschaften betreffend an.

Ob dies jedoch eine reale Beziehung, oder nur Träume sind können nur die umliegenden Karten aussagen, oder weitere Legemethoden.

Wie schon erwähnt, findet sich diese Karte, ohne jeglichen anderen Bezug Beziehungen betreffend, so zeigt sie eher ein Nein an.

Liegt z.B. der Mond dabei, so kann es sein, dass hier starke karmische Verflechtungen gegeben sind, die sich jedoch nicht oder nicht so schnell auflösen lassen. Liegt hier aber auch der Turm dabei, so ist dies eine Warnung davor, sich durch uneinsichtiges Verhalten und/oder klammern etc. kein neues Karma zu erschaffen.

Trifft sich die Karte mit dem Ring und sind weitere positive Karten in der Verbindung, so handelt es sich hier sehr wahrscheinlich um eine Zwillingsseelenbeziehung.

Kommt die Karte aber in Gesellschaft der Nummer 54

Seelenpartner daher, dann kann man mit Sicherheit aussagen, dass hier Dualseelen zusammengefunden haben. Allerdings müssen dann die restlichen Karten oder eine neue Auslegung zeigen, in welche Richtung diese Beziehung dann gehen kann.

53. Trennung

Die Bezeichnung der Karte sagt schon ziemlich deutlich, um was es geht.

Diese Karte ist gewichtig im Bereich der Seelenliebe, aber auch anderer karmischer Fragen.

Jedoch ist sie auch nicht so negativ, wie sie den Anschein macht.

Diese Karte weißt dir die Themen in deinem Leben an, von denen Du dich ruhigen Gewissens trennen darfst. Dinge, Situationen, Menschen, Verhaltensmuster und Zwänge, die nicht mehr in dein Leben gehören, tauchen rund um diese Karte auf.

Wenn es zum Beispiel um eine Problematik, mit einen Familienangehörigen geht, könnte dir diese Karte sagen wollen, man darf sich zurückziehen, man kann und soll aus dem Drama aussteigen.

Du bist nicht verpflichtet, aufgrund der Verwandtschaft, alles mitzumachen, von dem Du spürst, dass es dich krank macht oder negativ beeinflusst.

Genau genommen fordert diese Karte dich dazu auf, ungesunde Situationen zu verlassen, du wirst dadurch auf Dauer gesehen, mehr gewinnen als verlieren.

Da wo dir Trennung auftaucht, da sollte man genauer hinschauen, was könnte da sein, was mich abbremst, mit beschwert, mit nicht wirklich guttut, oder aber mich in Situationen gefangen hält, die mich und meine Weiterentwicklung behindern.

Auf der anderen Seite kann die Karte aber auch darauf hinweisen, dass man nichts hinterhertrauern soll, was aus dem eigenen Leben verschwindet. Meist ist es so, dass dies was geht, doch Platz frei macht, für etwas viel Besseres oder Schöneres.

Versinke nicht im Nebel der Trauer, wenn dich etwas oder jemand verlässt, dasjenige oder derjenige würde früher oder später doch aus deinem Leben verschwinden.

Nehme seine Entscheidung an und sortiere dich neu.

Die Karte stellt auch dar, dass da wo Du einen Verlust vermutest, im Grunde deine eigene Stärke zu finden ist.

Taucht zum Beispiel die Trennung bei dem Mond auf, so kann dies ein Hinweis sein, dass Du gerade dabei bist, deine Intuition zu verlieren, dein Vertrauen in deine innere Stimme. Schau hin wovon Du dich trennen solltest, und seien dies auch nur ungute Angewohnheiten, um den Zugang zu deiner Intuition wieder fließender zu gestalten.

Liegt der zum Beispiel Fuchs, in Gesellschaft mit den Sternen bei der Trennung, so sagt dies ganz schlicht aus, dass Du achtsam sein solltest, dass Du nicht den falschen Göttern huldigst und dabei den wahren Sinn des Lebens nicht mehr achtest.

Mit den Wegen zusammen, warnt dich diese Karte natürlich vor einer falschen Entscheidung, überdenke nochmal alles genau, bevor Du wirklich eine Entscheidung triffst. Findet sich hierbei aber auch der Turm, oder das Kreuz, so ist eine falsche Entscheidung sogar nötig, damit Du eine bestimmte Lektion erfahren und verinnerlichen kannst.

Da wo die Karte „die Trennung" auftaucht, ist man aufgefordert hinzuschauen, was einem der Verlust zeigen möchte und an welchem Platz durch das freiwerden nun eine neue Pflanze in deinem Leben wurzeln kann. Ob diese gedeihen kann liegt an dir und daran, wie Du erkennst und annimmst.

Im Falle, dass gefragt wird, ob eine Beziehung kommen kann, so sagt diese Karte klar und deutlich Nein.

54. Seelenpartner

Diese Karte zeigt schon von Ihrer Bezeichnung her, um was es genau geht.

Die Zwillingsseele und/oder Dualseele. Aber auch, alles für dich Bindende, was Du aus früheren Inkarnationen mitgebracht hast, somit eben auch, deine Lebensmissionen, Wege- und Ziele.

Im Bereich der Liebe zeigt sie hier beide Seite, die eine, dass Du einer Seelenliebe begegnen kannst und die andere, dass Du jemanden diese Rolle aufdrängen möchtest, dem diese absolut nicht passt.

Diese Karte wurde von mir entworfen, um gerade in diesem Bereich eine zuverlässige Aussagemethode zu bieten, was den Bereich Dualseelen betrifft.

Ziehst Du diese Karte, dann hat sie meist eine sehr tiefe Bedeutung für deinen momentanen Lebensabschnitt.

Je nach dem wo sie zu liegen kommt, wird dir angezeigt,

wo im Bereich der Liebe und Gefühle, gerade eine karmische Verpflichtung wartet oder eine Mission, die du vor langen Zeiten beschlossen oder begonnen hast.

Jedoch ist diese Karte auch außerhalb von Beziehungen wichtig. Man sollte nicht den Fehler machen, diese Karte, nur auf das Thema Partnerschaft zu reduzieren, denn sie ist für jedes Thema von Belang, wo Du starke Gefühle hast oder spürst.

Wenn Du wissen willst, was gerade wirklich in deinem Leben für dich von Belang ist, dann führe die Legemethode 13.2 aus. Ich denke, Du wirst überrascht sein, was dir hier gezeigt wird.

Diese Karte symbolisiert die Gebiete deines Lebens in denen die wirklichen karmischen Aufgaben auf dich warten. Deine Wachstumspunkte und deine Gelegenheiten, deinen Charakter zu schleifen.

Die Lektionen und Missionen, denen Du nicht auskommst, und die sich immer wieder auf die eine oder andere Weise in dein Leben drängen werden gehören zur Symbolik der Karte Seelenpartner.

Sind es doch auch unsere Aufgaben, welche während wir diese Erkennen, angehen und auflösen, die uns auf unserem Seelenweg vorwärtsbringen, hin zu unserer wahren Bestimmung also evtl. auch hin zu dieser einen Seelenliebe.

Wer ernsthaft nach seiner Lebensmission sucht, der sollte diese Karte und die Stelle im Kartenbild, an der sie zu finden ist, genauestens analysieren und schauen, wo dort die Botschaften für eben diesen Weg angezeigt werden.

Gibt es Fragen im beruflichen Bereich und die Karten Seelenpartner taucht auf, so macht sie dich aufmerksam darauf, falls Gefühlskarten dabei liegen, dass Du auch hinterfragen sollst, ob Du im gewählten oder angebotenen Bereich glücklich wirst. Jedoch kann sie hier auch anzeigen, wenn zum Beispiel der Berg und/oder der Turm dabei liegt, dass dies auch eine Prüfungssituation für dich sein kann. Dass Du da durch musst, um charakterlich und/oder menschlich, oder dein Können betreffend zu wachsen und zu lernen.

Jedoch, wenn in den direkten Verbindungen Karten auftauchen, die für Partnerschaften stehen, so kann es bedeuten, dass Du über eine Arbeit auch einer Liebe begegnen kannst.

Finden sich jedoch hauptsächlich Karten die Arbeit betreffend und der Brief oder das Buch dabei, so kannst Du davon ausgehen, dass hier eine verbindliche Arbeit, also ein Arbeitsvertrag vorhergesagt wird. Wie die Bedingungen dazu ausschauen, sollten dir einmal wieder die umliegenden Karten zeigen.

Diese Karte ist sehr vielseitig und sie kann dir auch Themen aufzeigen, die überhaupt nichts mit partnerschaftlicher Liebe zu tun haben.

Die Karte taucht überall da auf, wo es wichtig ist, dass Du aus Liebe zu dir selbst genau hinschaust und analysierst. Sie zeigt dir mögliche Wendepunkte und Reifungsprozesse an, aber auch deine Talente und besonders deine Lebensmissionen. Und zu guter Letzt natürlich auch wo deine Wege in der Liebe dich hinführen, was Du in diesem Bereich lebst und was Du ändern kannst um ein zufriedenes liebevolles Leben zu führen.

55. Verschlossenheit

Diese Karte betrifft hauptsächlich Beziehungen und zwischenmenschliche Kontakte.

Sie zeigt deutlich eine Abgrenzung an und will sagen „Komm mir nicht zu nahe, ich möchte dies nicht."

Dabei zeigt diese Karte auch nicht unbedingt eine kurze Zeitspanne an, sondern kann dies als dauerhafte Aussage transportieren. Je nachdem, welche Karten direkt bei ihr liegen, oder auf welche Karte man sie auflegt.

Gerade wenn es um das Thema Seelenpartner geht, wollen manche nicht erkennen, dass sie einem Phantom hinterherrennen.

Speziell bei dieser Frage zeigt diese Karte ein STOPP, du bist auf dem falschen Weg. Der Mensch, den Du als große Liebe siehst, ist nicht, was Du dir wünschst oder was Du ihn ihm siehst, und/oder fühlst.

Kommt diese Karte in die Kombination zu der Seelenpartnerkarte oder einer anderen

Partnerschaftskarte, so ist dies eine klare Aussage, dass deine Gefühle keine Erwiderung finden werden.

Liegt die Karte bei der/dem Fragesteller/in so kann dies auch zeigen, dass derjenige selbst zu abweisend auf sein Gegenüber wirkt oder reagiert, oder selbst momentan einfach nur seine/ihre Ruhe möchte.

Liegt diese Karte bei Gefühlskarten wie z.B. der Mond, die Lilie oder das Herz, so könnte dies ein Hinweis auf leichte bis mittelschwere Depressionen oder auf Gefühlskälte sein.

Auch Menschen, die zu sehr enttäuscht wurden und dann zumachen werden mit dieser Karte symbolisiert.

Geht die Frage jedoch um eine Partnerschaft direkt, so zeigt diese im Grunde ein klares Nein, ich will nicht an. Dies symbolisiert dann auch keinen Loslasser oder Gefühlsflüchter, sondern einfach einen Menschen, der keine Gefühle für den/die Fragende/n hat.

Mit Karten wie den Ruten, oder dem Sarg oder Berg zeigt es sogar an, dass der begehrte Mensch sich von einem bedrängt oder gar belästigt fühlt und einfach nur Abstand möchte.

Im günstigsten Falle zeigt diese Karte an, dass Liebesgefühle nicht erwünscht sind, jedoch eine Freundschaft im Bereich das Möglichen liegt. Hierfür sollte sich aber der Hund, der Bär oder die Sterne in direkter Verbindung liegen.

Taucht die Karte bei einer Personenkarte auf, so zeigt diese hier an, dass derjenige sich festgefahren und einsam fühlt. Die Gründe hierfür müssen sich in den umliegenden

Karten zeigen.

Sie kann aber auch auf Krankheit, Arbeitslosigkeit oder andere persönliche Probleme hinweisen, welche die Person in eine einsame Lage drängen.

Hier sollte die betreffende Person in Ruhe reagieren, die Lage genau analysieren und einfach genau hinschauen, was zu ändern ist.

Meist zeigt die Karte Verschlossenheit, bei solchen Situationen, nur eine Phase an, die überwunden werden kann, um gestärkt daraus hervorzugehen.

Stillstand ist auch eines der Schlüsselworte dieser Karte. Stagnation in Bereichen wie Beruf, Finanzen und sonstigen Plänen. Vorhaben können nicht verwirklicht werden oder nur sehr zeitverzögert. Es ist einfach nicht der Zeitpunkt dafür. Die Verschlossenheit weißt bei Fragen nach Erfolg, Fortschritt und neuen Plänen daraufhin, dass es nicht der passende Zeitpunkt ist und man diese Pläne aufheben oder auf später verschieben soll. Wie lange müssen die umliegenden Zeitkarten aussagen, oder es sollten Zeitkarten nachgezogen werden.

11. Legearten der Zusatzkarten

Eins

Du kannst die 19 Karten mischen und verdeckt auf die ausgelegten Karten verteilen.

Dann drehst Du eine Karte nach der anderen herum. Die Karten, welche direkt um die aufgedeckte Karte herumliegen, geben dir zusätzliche Informationen.

Zwei

Du legst eine Zusatzkarte auf den Tisch und mischst die normalen 36 Karten. Wenn Du magst kannst Du die Karten dann abheben und durch die drei Karten, die sich hierbei zeigen, eine Grundaussage tätigen.

Dann legst du sechs Karten um die Zusatzkarte herum und siehst, was in dem Hinweisgebiet dieser Karte geschehen wird.

Drei

Du mischst zuerst die 36 Grundkarten und hebst ab und legst aus wie gewohnt. Dann mischst Du die Zusatzkarten und legst den Stapeln neben das Kartenbild.

Wenn das komplette Kartenbild ausgelegt ist und Du dort nicht genügend Angaben findest, kannst Du eine der Zusatzkarten nachziehen und auf die entsprechende Karte legen.

Du kannst auch alle Karten gemeinsam mischen und in einem großen Deck auslegen. Allerdings bevorzuge ich, eine der anderen Legearten. Alle Karten gemeinsam ausgelegt können etwas verwirrend sein, da ja schon Zeitkarten im Deck vorhanden sind.

Jedoch kann man die Zeitkarten im 36er Deck auch ignorieren und nur, deren Grundaussagen nutzen. So kannst Du dann die 55 Karten komplett auslegen und nur die dort enthaltenen Deutungen nutzen.

Aus Erfahrung kann ich jedoch sagen, je größer das ausgelegte Kartenbild, umso verwirrender besonders für Anfänger, aber auch für manchen alten Hasen.

Je mehr Möglichkeiten durch die Größe des Kartenbildes, desto eher neigt man dazu, durch die verschiedenen Verbindungen solche Wege im entsprechenden Kartenbild zu suchen und zu finden, die positivere oder erwünschte Aussagen ergeben können.

Ein größeres Kartenbild kann dazu verleiten, gangbare Wege oder Illusionen im Bild zu finden, welche dann den Ratsuchenden zufriedenstellen.

Je übersichtlicher das ausgelegte Kartenbild ist, desto klarer werden deine Aussagen werden.

Vier

Du legst ein Bild mit den 36 Grundkarten und mischst dann die Zusatzkarten alleine durch, fächerst sie auf und lässt daraus jeweils so lange Karten nachziehen, welche auf das Kartenbild verteilt werden, bis eine zufriedenstellende Antwort gegeben wurde.
Aber nicht mehr als zwei Zusatzkarten auf eine der 36 Grundkarten legen, sonst werden die Antworten eher verwirrend.

Im folgenden Kapitel zeige ich euch noch einige Legebeispiel und somit die Vielfältigkeit der Zusatzkarten.

12. Legebeispiele der Zusatzkarten

12.1 Partnerschaft

Die Legemethode ist recht einfach.

Du legst die Karte Seelenpartner mittig auf den Tisch.

Dann Karten mischen, wenn Du magst abheben und wieder zusammenlegen, was aber kein Muss ist. Handle hier ganz nach deiner Intuition und deinem Wunsch.

Dann nimmst Du das Deck so in die Hand, dass das Deckblatt nach oben zeigt, und legst nun zuerst einmal sieben Karten unter die Seelenpartnerkarte.

Die nächste Reihe fünf Karten, die nächste drei Karten.

Eben so wie auf der folgenden Abbildung.

Hier geht es um eine Fragestellerin, die wissen möchte, welcher Art die Beziehung zu dem Mann ist, den Sie begehrt und zu lieben glaubt.

Die erste Reihe mit den sieben Karten zeigt eher den momentanen Zustand zwischen beiden an.

Hier liegt gleich zu Beginn, die Schlange und der Sarg. Deutlicher können geplatzte Träume oder ein Irrglaube nicht angezeigt werden. Die Ruten, die zwischen Sarg und Sterne und direkt über dem Hund liegen, berichten davon, dass der Herr schon mehrfach mündlich (Ruten) sowie auch vom Verhalten her (Sterne) Signale gab, dass er nur Freundschaft mag.

Der Baum, sowie der Anker, die das Kind zwischen sich nehmen, deuten jedoch darauf hin, dass die Fragestellerin an Ihrer Meinung festhält und weiterhin auf einen Neubeginn (Kind) in einer Partnerschaft mit ihm rechnet. Dies zeigen auch die Sterne vor dem Baum.

Die Sterne liegen hier genau in der Mitte der Reihe und gelten mit allem, was vor Ihnen liegt für den Herrn, da er vor den Sternen liegt und alles was danach folgt für die Dame.

Die mittlere senkrechte Reihe, also die Reihe unterhalb der Seelenpartner welche ganz nach unten führt, zeigt, wie letztendlich der Stand zwischen beiden ist und ob eine Beziehung kommt oder nicht.

Unter den Seelenpartnern liegen die Sterne und zeigen die Hoffnung der Frau an auf eine seelische Verschmelzung, die Mäuse und der Mond weisen deutlich daraufhin, dass die Dame nur Träumen nachhängt, welche sich nicht erfüllen werden.

Die zweite Reihe das was in Bezug darauf kommen wird und die dritte Reihe zeigt die Richtung, in welche das Thema gehen wird.

Bei dem Herrn liegt die Karte der Hund und berichtet davon, dass er nur für eine Freundschaft offen ist, mehr jedoch nicht.

Die Mäuse hierbei sagen auch, dass wenn die Frau den Wunsch des Herrn nicht respektiert nur eine Freundschaft zu führen, sie auch diese verlieren wird. Erkennbar an der Sense quer rechts unter den Mäusen.

Nun liegt hier noch eine Besonderheit im Bild. Der Hund. Er liegt direkt neben den Herr und kann auch symbolisieren, dass es sich hier um einen Ex-Partner handelt, der aber einfach nur noch freundschaftliche Gefühle hegt. Diese Behauptung wird auch von der Kombination, die Sterne-der Baum und das Kind bekräftigen. Die Hoffnung und das Festhalten an einem Neubeginn.

Die dritte Reihe zeigt das Ziel an, wohin diese Frage steuern wird.

Das Haus, der Mond und die Sense zeigen klar an, dass hier eine Trennung im gefühlsmäßigen Bereich kommen wird.

Auch ist hier keinerlei Tendenz auf eine Beziehung erkennbar.

Er kann ihre Sehnsucht (Mond) nach einer Beziehung mit

intaktem Zuhause (Haus und Mond und Hund) nicht erfüllen.

Er sehnt sich nicht nach diesen Dingen, sondern sucht mehr die intellektuelle (Rute) Verbindung zwischen beiden und eben Freundschaft.

Hund - Haus und Mond zeigen an, dass er sich einfach nur seinen persönlichen Frieden und Freiraum wünscht, den er höchstens mit Freunden teilen wird.

Rechts außen am Rand liegt am Ende der ersten Reihe der Anker, am Ende der zweiten Reihe das Kreuz und am Ende der dritten Reihe die Sense.

Dies ist eine klare Botschaft eine alte karmische Sache (Kreuz) nun endlich zu beenden (Sense) und nicht mehr gefühlsmäßig daran festzuhalten.

Auf diese Weise kannst Du jede Partnerschaft deuten.

12.2 Lebensmission

Du legst die Karten Seelenpartner mittig auf den Tisch.

Nun mischst Du die Karten gründlich und fächerst diese auf dem Tisch aus.

Nun ziehst Du nacheinander sechs Karten.

Die beiden ersten Karten legst Du jeweils eine auf die rechte und eine auf die linke Seite der Seelenpartnerkarte.

Karte drei und vier legst Du mittig darüber und Karte fünf und sechs mittig darunter.

Die Karten links und rechts der Seelenpartnerkarte sagen dir wo Du eine deiner Lebensmissionen findest. Da wir zumeist viele Lebensaufgaben haben, wird dir bei dieser Lagerart meist nur eine angezeigt. Manchmal auch zwei, wenn diese in Verbindung mit der ersten gesehen werden soll.

Nun zu der Beispiellegung.

Die beiden Karten links und rechts der Seelenpartnerkarte sagen aus, in welchem Lebensbereich Du eine deiner Missionen finden kannst.

Hier liegt nun tatsächlich rechts der Ring dabei, was auch nicht verwunderlich ist, denn die meisten von uns, haben auch Beziehungen in Ihrem Lebensplan stehen.

Links finden sich die Störche. Also hätten wir hier im Grunde zwei Missionen liegen, welche sich aber miteinander ergänzen sollen.

Rechts, im Bewusstsein ist die eine Partnerschaft. Links im unbewussten Bereich finden wir die Karte, für Veränderungen.

Zum einen kann man sagen, dass eine der Lebensaufgaben darin besteht, unsere Beziehungen in diesem Leben anders zu bewerten und zu leben, als in früheren Inkarnationen. Diese Aussage bekräftigt auch das Kreuz links unter dem Ring. Wir sind geneigt, unbewusst auf Beziehung so zu reagieren, wie man dies in früheren Inkarnationen tat. Dies sollte im heutigen Leben anders geschehen.

Dann wiederum kann diese Kombination aussagen, dass man innerhalb von Beziehungen Veränderungen zulassen darf, ja sogar sollte. Wenn diese Kombination auftaucht.

So sagt dies meist aus, dass der/die Ratsuchende/n zu festgefahrene Ansichten von/über Beziehungen und Partner hat.

Man darf flexibel sein und sich auch einmal andere als die uralten eigenen Vorstellungen anzuschauen.

Sehr wahrscheinlich wird hier die kommende Beziehung alles andere als üblich für den/die Ratsuchende/n sein.

Die beiden Karten über der Seelenpartnerkarte sagen aus, was hilfreich ist, um die angezeigte Mission zu erkennen und/oder zu leben. Aber auch was wir weggeben dürfen, um zum Ziel der unteren Karten zu gelangen.

Hier sagen die Mäuse deutlich aus, man solle seine Verlustängste aufgeben, da man sonst seine Lockerheit (Park) verliert und vielleicht verbissen und krampfhaft auf die Suche geht, was alles andere als förderlich wäre um eine liebevolle Beziehung (Ring) zu finden.

Das Ziel wäre hier ohne Zweifel zum einen eine Beziehung (Ring), welche auch dauerhaft ist (Baum) obwohl viele Veränderungen (Störche) dadurch im eigenen Leben geschehen könnten.

Die beiden unteren Karten sagen aus, ob und wie man dieses in den anderen Karten gezeigte Ziel verwirklichen wird.

Hier finden wir an diesen Stellen den Baum und das Kreuz. Diese zeigen hier deutlich einen Lebensweg an, der in einer dauerhaften, bis zum Lebensende (Baum) bestehenden Beziehung (Ring) münden würde.

Beide Karten (Baum und Kreuz) alleine gesehen zeigen

allerdings eine weitere Mission an.

Hier geht es um Heilung von karmischen Wunden, aber auch realen Erkrankungen, welche mit in dieses Dasein gebracht wurden. Dies kann hier geschehen durch eine liebevolle Beziehung. Jedoch hauptsächlich dadurch, dass der Fragende zulässt, dass sich all dies dadurch ereignet, dass er Veränderungen in seinem partnerschaftlichen Verhalten und den zugehörigen Vorstellungen zulässt und somit in die Heilung hineinwachsen darf.

Schauen wir uns jetzt auch noch die Querverbindung der Baum – Seelenpartner – der Park an, so zeigt sich hier eine weitere Mission.

Es wäre gut möglich, dass eine der karmischen Aufgaben (das Kreuz) hier darin besteht, anderen Menschen Heilung zuteilwerden zu lassen. Wie dies geschehen könnte, müsste hier eine gesonderte Legung aussagen.

12.3 Dualseele

Du willst wissen, ob Du einer Seelenliebe begegnet bist, dann lege diese Karte mittig auf den Tisch.

Nun werden die 36 Grundkarten gemischt. Dann zählst Du vom umgedrehten Stapel (Deckblatt nach oben zeigend) fünf Karten ab, die du unter die Karte legst, und zwar von links nach rechts drei Karten in einer Reihe, darunter nochmals zwei Karten und darunter nochmals eine Karte. Danach zählst Du weitere drei Karten ab und legst diese um die Karte Seelenpartnerschaft herum aus. Siehe Foto unten.

Erklärung des Kartenbildes:

Hier liegen direkt unter der Karte Seelenpartner die Mäuse. Dies zeigt an, dass zwischen den beiden betreffenden Menschen momentan nicht alles ist, wie es sein sollte. Hier gibt es Verlustängste. Um zu sehen von welcher Seite diese kommen, kann man noch zwei Karten nachziehen, auf die Mäuse legen, und sollte hier die Antwort bekommen.

Nach den Mäusen folgen die Karten die Vögel und der Mond.

Ich würde hier in der Kurzfassung sagen, durch einen Austausch (Vögel) der hier auch den seelischen Bereich (Mond) betreffen sollte, könnte hier manche Blockade und/oder manches Problem (Kreuz) zwischen beiden gelöst werden.

Der folgende Brief könnte hier aufzeigen, dass durch den regelmäßigen Austausch eine glückliche Beziehung (Sonne) eingegangen werden kann.

Nun schaust Du die drei Karten um die Seelenpartnerschaft herum an.

In meinem Beispiel liegen hier, das Herz, der Ring und der Park.

Deutlicher kann die Aussage eigentlich nicht sein.

Hier sind auf beiden Seiten Gefühle da, die auch zu einer Beziehung führen werden. Der Park zeigt an, dass diese Partnerschaft auch legalisiert und öffentlich geführt wird, dass also eine Hochzeit möglich ist.

Zum Schluss kannst Du, wenn Du willst, noch eine Karte auf die Karte Seelenpartner legen.

Nun sagt dir dieses Legebeispiel, dass hier eine gegenseitige Liebe gegeben ist und dass diese zu einer festen Beziehung führen wird.

Dass es sich hier um eine Seelenverbindung handelt, zeigt die Karte das Kreuz.

Im Grunde ist dies ein wirklich schönes Kartenbild, mit dem man sich im doch zufriedengeben sollte.

Hier nun zu einem zweiten Beispiel mit dieser Legeart, welches zum besseren Vergleich, eine ungünstige Prognose zeigt.

Zu der Frage ist meine Liebe eine besondere, wenn ja welche und gibt es wirklich Gegenliebe.

Hier findet sich zuerst der Mond bei der Schlange und dem Herzen.

Man kann hier einfach sagen, die Gefühle (der Mond) werden wohl falsch interpretiert und man redet sich hier eher etwas schön.

Die Schlange dazwischen zeigt deutlich an, dass man fehlinterpretiert oder sich einredet auf Gegenliebe zu treffen. In der zweiten Reihe liegen Ring und Sense und sprechen gemeinsam eine deutliche Sprache. Nein, keine Beziehung gewünscht.

Der Berg darunter zeigt an, dass auch jegliche Bemühung zu einer Partnerschaft zu gelangen, blockiert werden oder dass eben unüberwindliche Hürden vorhanden sind.

Schaut man vom Mond aus nach rechts unten, so liegt der Ring (nicht vergessen, er liegt in Kombination mit der Sense da), quer rechts unter dem Ring die Sense, auch dies spricht ein deutliches Nein, es gibt keine und wird keine Beziehung geben. Bekräftigt wird dies, wenn man dann vom Berg nach rechts oben schaut und auf die Sense trifft, über der ja nun das Herz liegt und zeigt, dass von der anderen Seite keine Gefühle gegeben sind.

Rechts von der Seelenpartnerkarte befindet sich die Dame. Dies kann nun zweierlei bedeuten.

Wenn eine Frau die Frage gestellt hat, so wird diese hierdurch dargestellt und die restlichen Karten zeigen an, dass sie selbst die Gefühle falsch interpretiert und sich eine Gegenliebe nur einredet, weil sie sich diese einfach wünscht.

Ist ein Mann der Fragende, so zeigt die Dame, die geliebte Frau an, und bekräftigt auch die Aussage, dass die geliebte Frau kein Interesse an einer Beziehung hat. Die Dame schaut direkt in Richtung Seelenpartner und den Fuchs.

Hier wird deutlich ein falsches Denken oder einsortieren symbolisiert. Aber auch eine Warnung, nicht mit Tricks ans Ziel gelangen zu wollen, es würde mehr schaden als nützen. Angezeigt durch die Ruten im Bild und die Sense weiter unten. Hier könnte es sogar zu größeren Streitigkeiten kommen, bei denen einige Gemeinheiten und/oder Verletzungen benutzt werden, dargestellt durch die Ruten und den Fuchs.

12.4 Prüfungssituationen

Du möchtest wissen in welchen Bereichen, dich dein Leben gerade auf den Prüfstand stellt?
Dann lege die Karte das 47 Schicksalsentscheidung mittig auf den Tisch.

Mische die 36 Grundkarten gut, wenn Du magst, kannst Du auch die Zusatzkarten hinzunehmen. Ich zeige das Beispiel hier nur anhand der Grundkarten.
Dann das Deck umdrehen und von oben herab eine Karte rechts von der Schicksalsentscheidung legen, eine Karte links davon, dann darunter von links nach rechts drei Karten legen.

Beispiel Eins

Hier liegen als erstes die Wolken auf der anderen Seite der Baum.
Dies will wahrscheinlich aussagen, dass man lernen soll, das Denken nicht überbewerten, sondern auch einmal allem seinen natürlichen Lauf lassen darf.
Eine der momentanen Aufgaben könnte es sein, zu verstehen, dass nicht jede Kopfentscheidung die richtige ist. Aber auch, dass zu viel Denken und planen nicht wirklich gut für ein gesundes Seelenleben ist.

Links unten finden sich die Blumen, dies unter den Wolken, was wiederum bestätigt, dass man zu kopflastig ist und sich mehr dem Fühlen hingeben könnte. Das Kreuz dabei zeigt an, dass hier ein sehr starker karmischer Aspekt vorhanden ist und man das Denken schon fast zwanghaft ausübt. Das Kreuz hier in der Mitte des Bildes zeigt auch an, dass diese Lebensaufgabe schon eine gewisse Dringlichkeit für die Seele hat.
Das Buch recht schließt hier den Kreis und zeigt an, dass man sich selbst durch zu viel nachdenken, durchplanen und dadurch, dass man alle Eventualitäten absichern möchte, den natürlichen Lauf der Intuition bremst. Das Buch zeigt hier in Verbindung mit dem Kreis, dass ein tiefes und sehr altes Wissen in der Seele (Baum) ruht, welches wiederbelebt und in die Welt getragen werden möchte.

Das Buch mit dem Baum spricht für sehr altes Heilwissen, für eine starke Heilenergie, welche einem als Geschenk (Blumen) mitgegeben wurde, die aber nur frei fließen kann, wenn man lernt, die Gedanken von den eigenen Sorgen und Wehwehchen zu entfernen.

Beispiel Zwei

Hier liegt als erste Karte das Schiff. Da hier quer rechts darunter der Baum liegt haben wie hier eine Warnung vor einer Sucht, welche gesundheitsschädigend sein kann. Nun liegt die zweite Suchtkarte als letzte Karte und verdeutlicht somit die Dringlichkeit, sich darüber bewusst zu werden, dass eine Suchtneigung vorhanden ist.

Nun gibt es viele Arten der Sucht, wo genau kann man nun hier einen Hinweis darauf finden, in welche Richtung die Neigung hier geht?

Zum einen liegen zwei Suchtkarten im Bild. Die Fische zeigen zumeist eine flüssige Substanz an. Nun sollte man hier nicht vorschnell Alkoholsucht diagnostizieren, denn es gibt viele gesundheitsschädliche Getränke. Dies sollte mit dem Klienten gemeinsam besprochen werden. Es kann auch schlichtweg Kaffee oder Cola oder süße Getränke gemeint sein.

Dann haben wir die Lilien im Kartenbild. Das kann als Hinweis auf eine starke Sexualität gedeutet werden, da wir erinnern uns, zwei Suchtkarten bei den wenigen Karten liegen.

Aber, hier wird auch noch etwas ganz anderes deutlich gezeigt.

Der Baum mit den Sternen und den Lilien offenbart hier deutlich ein großes spirituelles Talent, welches als Lebensaufgabe gelebt werden möchte.

Deutet man diese zwei Aussagen nun zusammen, kann man sagen, dass hier ein Mensch dargestellt wird, der eine Neigung dazu hat, manches im Übermaß zu genießen. Die Energie dieser Neigung/en kann kanalisiert und gebündelt werden und im spirituellen Talent als Energie genutzt werden. Hier zu m Beispiel im Gebiet der Heilung, oder aber um anderen zu helfen, sich aus Suchtverhalten zu befreien. Da hier die Lilien dabei liegen, ist es auch möglich, dass man im Bereich von Gefühlen anderen helfen kann.

Das Schiff hier in dieser Kombination, zeigt, abgesehen von der Suchtneigung noch etwas ganz anderes an.

Im Zusammenhang mit den Sternen kann hier von einem Talent für Astral- oder spirituelle Seelenreisen gesprochen werden und eine große Aufgabe offenbaren, indem man dies als Talent annimmt und in sein Leben integriert. Dies kann zu einer Lebensmission werden (der Baum).

Es ist sehr oft so, dass mediale Menschen eine Weile in

Ihrem Leben mit Suchttendenzen zu kämpfen haben, bis sie gelernt haben, ihre Durchlässigkeit und Empfänglichkeit zu erkennen und zu kanalisieren, um diese dann sinnvoll zu leben.

Meine Seiten im Internet sind:
www.dualseelen.org
www.kartenlegen-beratung.com
Auch findet ihr mich auf Facebook unter

https://www.facebook.com/Kartenlegen.Astrologie.Autorin/

Für Fragen oder Infos meldet euch bitte unter
kartenlegen-beratung@hotmail.com